LE ROTTWEILER

M. Salmoiraghi

LE ROTTWEILER

EDITIONS DE VECCHI S.A.
20, rue de la Trémoille
75008 PARIS

Malgré l'attention portée à la rédaction de cet ouvrage, l'auteur ou son éditeur ne peuvent assumer une quelconque responsabilité du fait des informations proposées (formules, recettes, techniques).
Il est conseillé, selon les problèmes spécifiques – et souvent uniques – de chaque lecteur, de prendre l'avis de personnes qualifiées pour obtenir les renseignements les plus complets, les plus précis, et les plus actuels possible.

Collection dirigée par le professeur L. Guidobono Cavalchini et le Dr C. Pialorsi Falsina

En couverture : Axen's Benn, sujet importé du Danemark. Propr. P. Rebecchi. Chiot de trente-cinq jours. El. Reichel-Zatelli

Dessins de l'intérieur de A. Marengoni

Traduction de Véronique Le Brun

Sommaire

Préface

La cynophilie est en train de subir une profonde transformation. Depuis quelques années, en effet, le nombre de personnes désireuses d'acquérir un chien, que ce soit pour le plaisir ou par nécessité, et en particulier un chien de race, ne cesse d'augmenter. Désormais, le chien n'est plus considéré comme un simple auxiliaire de l'homme dans l'exécution de certaines tâches, mais d'abord comme un ami avec lequel il est possible de partager ses loisirs et de vivre une expérience unique, celle d'une relation intime homme-animal.

La nouvelle collection cynophile intitulée « Chiens de race » s'ajoute à celle déjà existante. Conçue par l'éditeur pour répondre aux besoins d'un nombre sans cesse croissant de lecteurs, elle veut leur transmettre un message plus direct et plus immédiat en s'appuyant à la fois sur le texte et les illustrations.

Le Rottweiler est un gros chien robuste et assez rustique chez lequel la puissance se conjugue avec une réelle harmonie des formes et une remarquable agilité. Contrairement à ce que l'on peut observer chez d'autres molossoïdes, celui-ci ne présente pas de traits fortement accentués, mais un corps bien proportionné. Ses remarquables qualités de gardien et de défenseur en font un chien très demandé. Sachez toutefois que pour pouvoir véritablement l'apprécier et lui fournir l'éducation et les soins nécessaires, il vous sera indispensable d'apprendre à le connaître davantage.

M. Salmoiraghi, qui a écrit cet ouvrage, est une passionnée de cynophilie. Son élevage de Danois a d'ailleurs produit plusieurs champions italiens et internationaux sous l'affixe « dei Cinegeti ». Sa formation scientifique de vétérinaire, associée à son expérience spécifique, lui a permis d'aborder dans cet ouvrage différents aspects de la race du Rottweiler : origines, diffusion, caractéristiques ethniques, morphologiques et comportementales. De plus, toutes les personnes désireuses de rechercher le meilleur pour leur Rottweiler pourront y découvrir de précieux conseils.
Les chapitres spécifiques à la race ont été complétés par plusieurs chapitres portant sur des aspects techniques d'ordre général. Le chapitre intitulé « Savoir comprendre le chien et s'en faire comprendre » a été rédigé par le professeur M. Verga de Milan, tandis que les chapitres intitulés « La reproduction », « L'alimentation » et « La santé et l'hygiène » l'ont été par le professeur C. Cristofalo et par moi-même. Les dessins sont l'œuvre d'A. Marengoni.
L'éditeur remercie vivement tous ceux qui, avec leurs photographies, ont contribué à agrémenter le présent ouvrage.

LE DIRECTEUR DE COLLECTION
PR. L. GUIDOBONO CAVALCHINI

Les origines

Comme il arrive souvent avec les races canines les plus anciennement élevées par l'homme, on ne peut prétendre connaître avec exactitude les origines du Rottweiler.

Il est très vraisemblable que les ancêtres de cette race furent les molosses – autrement dit les mâtins – de la Rome antique. En effet, ces chiens de garde et de combat agressifs se répandirent dans toute l'Europe à la faveur des campagnes de conquête des légions romaines et, à la faveur de croisements avec divers chiens locaux, donnèrent naissance à de très nombreuses races.

Ainsi, à l'époque où les Romains franchissaient les Alpes par le col du Saint-Gothard, certains colons s'installaient un peu plus au nord, dans une campagne fertile, et fondaient un village qui prendrait beaucoup plus tard le nom de

AUTRES HYPOTHÈSES SUR LES ORIGINES DE LA RACE

Selon une autre théorie sur les origines de la race, l'ancêtre du Rottweiler serait un molosse arrivé en Europe du Nord à une époque plus tardive, à la suite d'un peuple barbare dont on prétend qu'il provenait de l'Europe de l'Est, mais qui était vraisemblablement d'origine asiatique : les Huns. Le Rottweiler serait donc un descendant du Mâtin tibétain. Certains cynologues suisses affirment en revanche que le Rottweiler serait le descendant direct d'un Bouvier suisse local.

Osco v. Schweiger Wappen.

Rottweil. Le croisement de leurs chiens avec des races bergères locales eut lieu dans cette petite cité, si bien que l'on vit apparaître, après quelques générations, des chiens de taille moyenne, certes moins agressifs que les molosses, mais résolus et fiables.

Au Moyen Age, la petite ville de Rottweil était devenue un grand centre d'élevage et de commerce du bétail. A l'époque, ces chiens étaient employés comme bouviers, gardiens et conducteurs de troupeaux. Ils étaient les défenseurs fidèles et résolus des biens de leur maître. D'ailleurs, on raconte que, lors de leurs déplacements sur les routes peu sûres et mal fréquentées de cette époque – ou pendant leurs campements à la belle étoile – les voyageurs accrochaient leur petite bourse de cuir contenant leurs économies au collier de l'animal. Ces chiens se répandirent rapidement auprès des éleveurs des nombreuses bourgades qui avaient l'habitude de converger vers cet important marché, ce qui contribua au développement de la race.

Puis, vers 1900, cherchant probablement à favoriser le transport ferroviaire, une loi interdit le déplacement de troupeaux sur les grands

Axen's Benn (Vattrup's Dax x Anka), sujet importé du Danemark, primé plusieurs fois en Italie et à l'étranger. Propr. P. Rebecchi.

Vu ses qualités, le Rottweiler est employé aussi dans l'armée en qualité de chien de travail. On peut voir ici une manifestation de l'Armée autrichienne pendant le Klubsieger ADKR 92 à Boricen Burlo (Allemagne) (photo Rebecchi).

axes. Dès lors, l'emploi des chiens de Rottweil diminua brutalement, entraînant un déclin inquiétant de l'élevage.

Toutefois, le succès du Rottweiler n'était pas lié uniquement à ses capacités de « gardien de bestiaux ». Son adaptabilité, sa loyauté envers son maître, sa remarquable aptitude à la garde et à la défense lui valurent de trouver bientôt un emploi jusque dans les milieux de la police et de l'armée, en particulier pendant les conflits qui ont marqué notre siècle.

Cette délicate évolution des attributions du Rottweiler explique que les éleveurs – très conscients de la nécessité d'obtenir des sujets équilibrés – aient entrepris une sélection rigoureuse des reproducteurs, tant du point de vue morphologique que du point de vue du caractère.

Au XXᵉ siècle, le Rottweiler se répandit en Europe et dans le monde, d'abord dans le cadre de missions spécifiques à caractère militaire, puis dans le cadre d'une vocation « civile » auprès des habitations de ceux qui, ayant pu apprécier les qualités de la race, s'étaient passionnés pour elle.

A cet égard, il est intéressant de noter que cette race est l'une des rares à nous être parvenue telle

Superbe groupe de l'élevage du Cavaliere Nero de Yvonne Richard.

quelle. Elle a en effet traversé les siècles sans que l'on ait ressenti la nécessité de procéder à des croisements avec des races voisines dans le but de préserver certaines caractéristiques. D'ailleurs, ce n'est qu'en 1966 que le Rottweiler est officiellement reconnu au niveau international et qu'il commence à s'implanter – timidement –

L'ÉLEVAGE DU ROTTWEILER EN ALLEMAGNE

Conscients des qualités et des attributs propres à cette race, les éleveurs allemands comprirent – dès les débuts de leur activité et dès la fondation du premier club de race – le rôle déterminant de la sélection des reproducteurs. En effet, il s'agissait non seulement de préserver les caractéristiques morphologiques de cette race, mais surtout d'éviter à la fois des déséquilibres psychiques et des défauts de structure qui auraient pu se révéler hautement préjudiciables.
C'est ainsi qu'à partir de 1914, tout Rottweiler susceptible d'être admis à la reproduction devait faire l'objet d'un examen morphologique et psychologique en attestant le caractère typique.

L'ADKR

L'ADKR est le club allemand unifié du Rottweiler. Fondé en 1921, il est né de la fusion de plusieurs clubs de race présents sur le territoire allemand.
Depuis lors, il veille sur la race par le biais d'une sélection rigoureuse obéissant à la devise suivante : « L'élevage du Rottweiler est et reste l'élevage de chiens d'utilité. » C'est ainsi que sont admis à la reproduction les seuls chiens déclarés aptes après des tests d'aptitude morphologique et psychologique. Aujourd'hui, la preuve d'aptitude à la reproduction dénommée ZTP est en effet obligatoire en Allemagne.
Elle s'articule autour de trois grands axes :
a) contrôle radiographique destiné à vérifier l'absence de dysplasie de la hanche ;
b) évaluation morphologique des caractéristiques somatiques du sujet ;
c) évaluation du caractère.

dans notre pays. La première inscription au Livre des origines français (LOF) date de 1970 et le Club de la race, présidé à l'époque par Didier-Yves Roshardt n'est agréé par la Société centrale canine (SCC) qu'en 1983. Aujourd'hui, avec un nombre des naissances enregistrées au LOF qui augmente d'année en année et une nette progression des demandes reçues à la SCC, on peut dire que le « rott » est désormais solidement implanté en France.

Le standard illustré

L'aspect général

La traduction du standard officiel du Club allemand du Rottweiler, réalisée par Michèle Lévy avec la collaboration du Pr Triquet et du Dr Paschoud, s'ouvre par quelques lignes d'introduction décrivant les principales caractéristiques morphologiques et psychiques de la race : « Le Rottweiler est un chien de taille moyenne à grande, ni lourd ni léger, ni haut sur pattes ni le-

LE STANDARD

Le standard est la description de l'ensemble des caractéristiques d'une race, établie par le club du pays d'origine et déposée à la FCI (Fédération cynologique internationale siégeant à Bruxelles). Les éleveurs et les juges d'exposition doivent s'y référer pour sélectionner des sujets toujours plus conformes au type souhaité.
La rédaction du premier standard du Rottweiler date de 1901. Les rééditions successives, notamment celle de 1981, actuellement en vigueur, introduisent quelques modifications concernant la morphologie de ce chien. On a voulu obtenir des sujets à la taille légèrement plus élevée, avec un tronc plus massif et un thorax plus volumineux que ceux de leurs parents, leur conférant ainsi une plus grande puissance.

LE SQUELETTE

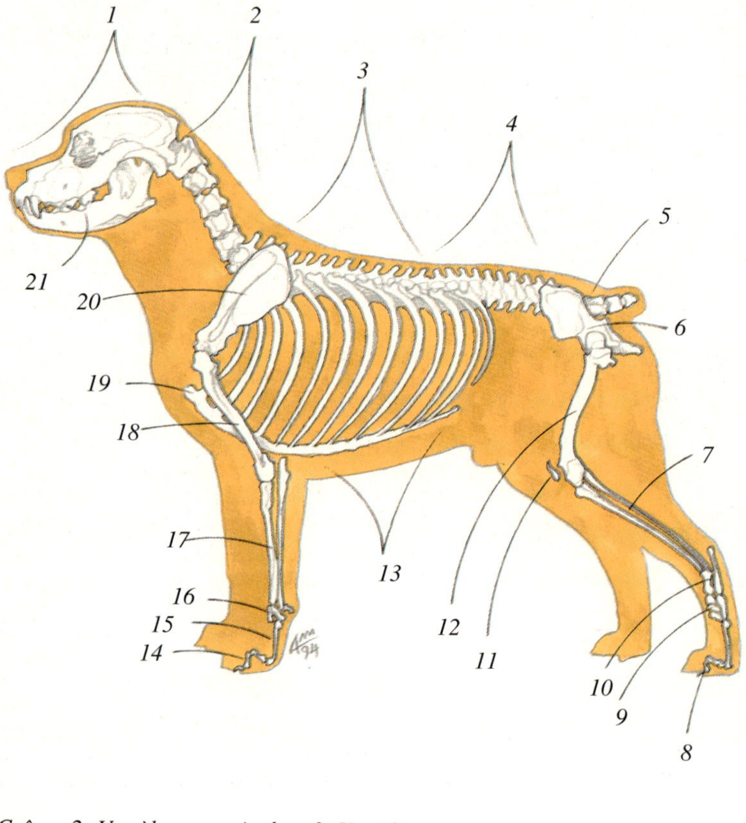

1. Crâne. 2. Vertèbres cervicales. 3. Vertèbres dorsales. 4. Vertèbres lombaires. 5. Vertèbres sacrées. 6. Bassin. 7. Tibia et péroné. 8. Phalanges. 9. Métatarse. 10. Tarse. 11. Rotule. 12. Fémur. 13. Cage thoracique. 14. Phalanges. 15. Métacarpe. 16. Carpe. 17. Radius et cubitus. 18. Humérus. 19. Sternum. 20. Omoplate. 21. Mâchoire inférieure

Arco v. Distenfeld (Nero v. Schloss Rietheim x Nelly v. Echterdingen) SCH III – ZTP – Bundesjugendsieger 84 (photo Rebecchi).

vretté. De proportions harmonieuses, son aspect trapu et vigoureux laisse présager force, souplesse et endurance. » Un peu plus loin, on peut lire encore : « Son apparence trahit une robustesse naturelle. Il est sûr de lui, jouit d'un équilibre nerveux parfait et est difficile à impressionner. Il réagit avec beaucoup d'attention à ce qui l'entoure. »

Un sujet important, Noris v. Grutenblick (Falko v. Grutenblick x Addi v. Herrenholz), Klubjugendsieger 90, Klubsieger 91 et 92, Europasieger 93, Ch. VDH, Ch. All. et Int., meilleur de race au Ch. Soc. it. 90. El. et propr. P. Rebecchi et famille Gaa.

La stature

Voici les précisions données par le standard pour la hauteur au garrot.
Parmi les mâles de 61 à 68 cm, on considère comme étant petits les sujets qui mesurent 61-62 cm, moyens ceux qui mesurent 63-64 cm, grands (taille souhaitée) ceux qui mesurent 65-66 cm et très grands ceux qui atteignent 67-68 cm.
De même, les femelles, qui d'après le standard doivent mesurer de 56 à 63 cm, sont considérées comme étant petites si elles mesurent 56-57 cm, moyennes si elles mesurent 58-59 cm, grandes (taille souhaitée) si elles mesurent 60-61 cm et très grandes si elles atteignent 62-63 cm.
Bien que les différences de stature puissent atteindre 7 cm tant pour les mâles que pour les femelles, elles ne sont pas considérées comme étant déterminantes dans l'évaluation morphologique du sujet.
« La longueur du tronc mesurée de

Même la femelle Rottweiler doit donner une impression de force et de puissance, qualités typiques de la race. Photo ci-dessus : Carmen (Hassan v. Königsgarten x Corry v. Fünfsehenland). Propr. El. de Casa Reiza.

Nelson von Margraflerland (Iwan v. Fusse der Eifel x Biggy Magim Hoff) SCH1, BH, RCI CACIB, HD-. Cet intéressant sujet d'élevage allemand importé en Italie a remporté de nombreux succès au niveau européen. El. Ritz. Propr. A. Tappi.

Ben v. Pfalzerland (Harry v. Herten Wappen x Ina v. Silberdistel) HD, SCH3, ZTP, Gekort, Ch. Soc 93. El. M. Schwalm. Propr. A. Zatelli.

LES RÉGIONS DU CORPS

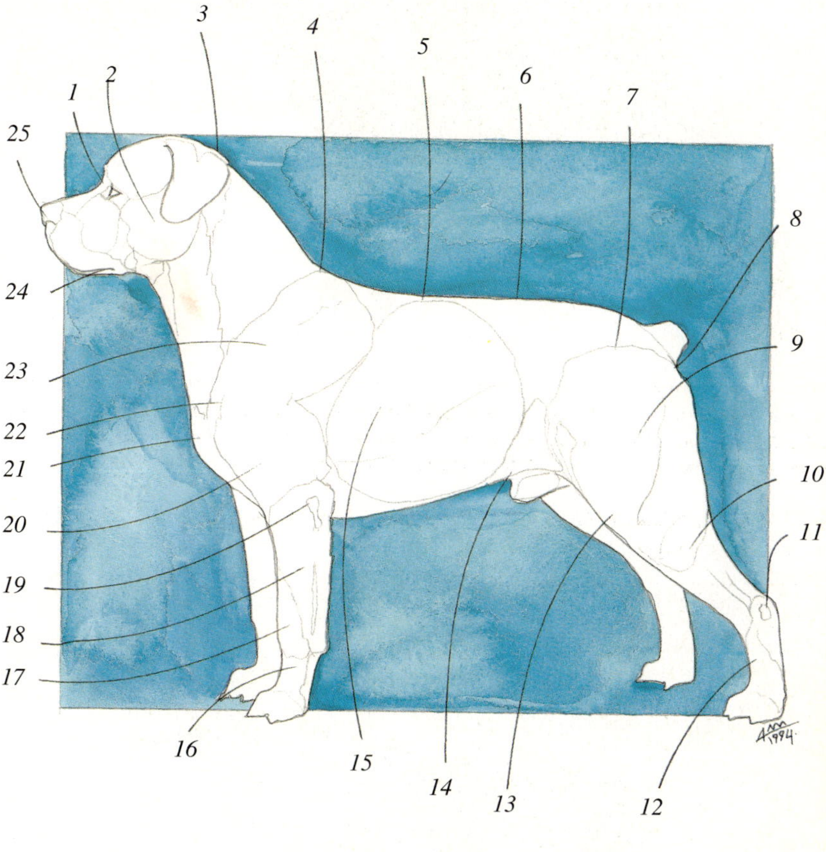

1. Stop. 2. Masséter. 3. Occiput. 4. Garrot. 5. Dos. 6. Lombes ou reins. 7. Croupe. 8. Pointe de la fesse. 9. Cuisse. 10. Jambe. 11. Pointe du jarret. 12. Métatarse. 13. Genou. 14. Pli du grasset. 15. Thorax. 16. Métacarpe. 17. Carpe. 18. Avant-bras. 19. Coude. 20. Bras. 21. Poitrine. 22. Pointe de l'épaule. 23. Epaule. 24. Commissure labiale. 25. Truffe.

la pointe du sternum à la pointe de l'ischion ne doit dépasser la hauteur au garrot que de 15 % au maximum. » Autrement dit, la longueur du tronc (qui est censée s'insérer dans un rectangle) ne doit pas être excessive.

La tête

C'est la région du corps qui compte le plus en matière de « spécificité de la race ». On comprendra donc que l'étude de la morphologie de la tête d'un sujet – dans son ensemble comme dans ses diverses composantes – joue un rôle déterminant dans le processus d'évaluation de celui-ci. Chez un beau Rottweiler, en effet, la tête constitue le premier élément qui doit frapper l'observateur. Du reste, la version française du standard de 1991 est rédigée comme suit : « Crâne : de longueur moyenne, large entre les oreilles ; de profil, le front est modérément convexe.

Etude de tête de Fritz v. Schweiger Wappen (Hassan v. Königsgarten x Vichy v. Schweiger Wappen). Ch. Int. El. Meixner. Propr. C. Bertolini.

LA TÊTE

Outre le rapport correct crâne-museau (rapport 60/40), le standard définit les dimensions idéales de la tête. Aussi la longueur du crâne – de l'extrémité de l'occiput à l'angle interne de l'œil – doit-elle être :
– pour les mâles : de 9,5 à 15 cm ;
– pour les femelles : de 8,5 à 13 cm.

Protubérance occipitale bien développée, sans saillie prononcée. Stop bien marqué. Mâchoires : puissantes et larges, autant l'inférieure que la supérieure. Joues : arcades zygomatiques bien marquées. » La version italienne de 1981 précise : « De la pointe du museau à l'angle interne de l'œil, la longueur de la tête doit être de 40 % de la longueur totale et de l'angle interne de l'œil à l'occiput, de 60 %. »
Le rapport crâne-museau joue un

Etude de tête de Curry del Cavaliere Nero, Ch. It. et Mond. El. et propr. Y. Richard.

Beau premier plan de Altezza dell'Ibisco (Barry v. Vehnemoor x Pia v. Old Germany). El. et propr. V. Tassini.

rôle déterminant dans la conformation de la tête. Sachant que le rapport adéquat est fixé à 60/40 par le standard, 60 % de la longueur de la tête doivent être occupés par le crâne et 40 % par le museau. Quiconque veut conserver « le type » fera bien de respecter ces proportions. Dans le même temps, en cas d'écart par rapport au standard, juges et éleveurs préfèrent un museau légèrement allongé à un museau trop court : compte tenu de l'activité que l'on attend de ces chiens, ils le considèrent en effet comme étant plus fonctionnel.
Le stop – ou ressaut naso-frontal – doit être prononcé. Le chanfrein, qui est large à sa base, doit s'amenuiser vers le nez, sans toutefois être pointu.
Vue de haut, la tête du Rottweiler doit présenter la forme d'un cône tronqué. Vue de profil, en revanche, la fosse nasale doit paraître rectiligne.
Le nez doit être plutôt large, rond et de couleur noire. Les narines doivent être bien ouvertes, de façon à favoriser une bonne ventilation pendant le travail et toujours de couleur noire.
La protubérance occipitale doit être bien développée pour favoriser

Diss de l'élevage du Cavaliere Nero, SCH I, Ch. Mond. El. et propr. Y. Richard.

LES DIFFÉRENTS TYPES DE TÊTE

tête correcte
(direction parallèle des axes du crâne et du museau)

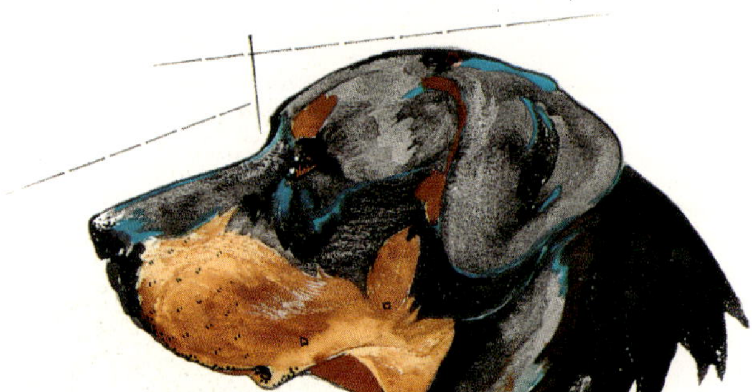

tête incorrecte
(direction divergente des axes du crâne et du museau – ce dernier est long)

tête incorrecte
(direction convergente des axes du crâne et du museau – ce dernier est court)

tête incorrecte
(museau « moutonné »)

l'insertion correcte des muscles puissants, mais ne pas présenter de saillie prononcée, car le crâne paraîtrait aplati au lieu d'être légèrement convexe.
Concernant la peau de la tête, le standard précise qu'elle doit être « bien tendue ». Il ajoute aussi que, « dans les moments de grande attention, elle peut former de légères rides sur le front ». Dans les autres cas, en revanche, les rides ne sont pas souhaitables. Trop nombreuses, elles sont le signe d'un crâne aplati et confèrent au sujet une expression désagréable « de mâtin ».

Les lèvres doivent être bien serrées, les commissures labiales fermées. Là encore, il ne faut absolument pas que la peau soit trop abondante. La pigmentation compte beaucoup : les lèvres doivent être entièrement noires, tout comme les gencives (« foncées autant que possible »). Chez le chien âgé, on tolère une légère dépigmentation tendant au marron, mais jamais sous forme de taches.
Le standard ne donne pas d'indications précises pour les axes cranio-faciaux. C'est néanmoins le profil à axes parallèles que l'on considè-

Etude de tête de Nelson v. Margraflerland (Iwan v. Fusse der Eifel x Biggy Magim Hoff), SCH I, BH, RCI CACIB. Propr. A. Tappi.

Etude de tête de Inka v. Herten Wappen (Danjo v. Schweiger Wappen x Baffy v. Herten Wappen), femelle d'élevage allemand importée en Italie. Propr. A. Zatelli.

re comme étant correct, même si l'on tolère une légère convergence chez les sujets présentant un stop très marqué. En revanche, la divergence fait figure de grave défaut, car elle résulte de l'aplatissement du stop.

La denture, quant à elle, doit être examinée soigneusement. Le standard exige qu'elle soit complète, avec une fermeture en ciseaux (la face interne des incisives supérieures doit effleurer la face externe des incisives inférieures). Les défauts de fermeture ou les cas de denture incomplète doivent être pénalisés : le sujet se trouvera ainsi exclu, non seulement des compétitions, mais aussi de la reproduction.

Les yeux doivent être de grandeur moyenne, situés en position subfrontale, en forme d'amande et de couleur brun foncé. La couleur marron clair est peu appréciée. Le jaune – et, pire encore, les autres couleurs – sont éliminatoires.

Une grande importance est accordée aux paupières : elles doivent être bien tendues et parfaitement pigmentées, mais ne rouler ni vers l'intérieur (entropion), ni vers

Sari v. Grutenblick (Noris v. Grutenblick x Ria v. Echterdingen), sujet typiquement féminin. El. et propr. P. Rebecchi et famille Gaa.

l'extérieur de l'œil, laissant à découvert une partie de la conjonctive et donnant l'impression d'un œil trop ouvert (ectropion).
On ne peut évoquer les yeux sans mentionner aussi, bien sûr, le regard, qui est typique de la race. Dans le paragraphe sur l'aspect général du chien, le standard souligne que : « ... son regard tranquille dénote bonté et affection ». Il n'est certes pas facile de traduire en des termes simples tout ce que cela signifie, mais il est clair que le regard renseigne sur le caractère du chien. Ainsi, chez un Rottweiler, il devrait être possible de déceler au premier coup d'œil l'intelligence, la fierté et la douceur d'un chien équilibré et sûr de lui.

Les oreilles

Elles doivent être « de préférence petites, pendantes, triangulaires, très écartées l'une de l'autre et attachées haut... ». Leur implantation est capitale, car elle confère une expression adéquate au sujet attentif, en élargissant le crâne et en accentuant le port

LES OREILLES

petites et en relief

trop grandes et pendantes

correctes

Pia v. Old Germany SCH I, Ch. It. de beauté, plusieurs fois meilleure de race. Propr. él. de l'Ibisco de V. Tassini.

de la tête. Les oreilles trop petites qui risquent de laisser ouvert le conduit auditif, de même que les oreilles trop grandes et lourdes, du type chien de chasse, ne sont pas appréciées.

Le cou

« Puissant, de longueur moyenne, bien musclé, avec profil supérieur

Beau premier plan de Carmen (Hassan v. Königsgarten x Corry v. Fünfsehenland). El. Reichel. Propr. A. Zatelli.

Rambo v. Hennekamp (Iwan v. Fusse der Eifel x Helma v. Hennekamp) SCH I, ZTP, AD, plusieurs fois vainqueur dans d'importantes expositions organisées en Allemagne. Propr. P. Rebecchi.

du cou légèrement bombé. Il est sec, sans fanon, ni laxité de peau à la gorge. »
Le cou du Rottweiler doit s'harmoniser avec une tête imposante et un tronc puissant et musclé. Un cou long conférerait au sujet une élégance qui n'a pas lieu d'être, tandis

LE GARROT

Le garrot correspond à la région du corps située quasiment à la base du cou et formée, sur le plan anatomique, par les apophyses épineuses des cinq premières vertèbres thoraciques ou points d'insertion des muscles. Son importance n'est pas seulement liée à la stature du chien, mais aussi et surtout au jeu complexe de forces qui se créent lorsque le chien est en mouvement. C'est là que convergent les muscles du cou et du dos, assurant la continuité de la transmission du mouvement le long de la colonne vertébrale. Un garrot haut – c'est-à-dire présentant des apophyses épineuses longues – permet une bonne insertion musculaire et favorise la fluidité et la souplesse du mouvement. Au contraire, lorsque le garrot est bas, le cou ne s'insère pas harmonieusement sur le tronc, mais presque suivant des lignes brisées, ce qui, en fractionnant la puissance du mouvement le long de la colonne vertébrale, se répercute sur la transmission de celui-ci.

« Cage thoracique spacieuse, large et bien descendue... » : ce sujet illustre très bien les critères exigés par le standard pour la cage thoracique. Ben v. Pfalzerland. Propr. A. Zatelli.

qu'un cou trop court lui donnerait un air excessivement gauche et embarrassé dans ses mouvements.

Le tronc

Le tronc doit véhiculer lui aussi l'impression de force et de puissance caractéristiques de la race.

Ci-contre : Ria v. Echterdingen (Cesar v. Hegnerbacherland x Olga v. Echterdingen), Bundesjugendsiegerin 85. Plusieurs fois meilleure de race sur les rings européens. Propr. P.Rebecchi.

Sara v. Land v. Sittard (Iwan v. Fusse der Eifel x Kate v. Land v. Sittard). Cette femelle intéressante a remporté de nombreux prix sur les rings européens ; elle a aussi été désignée comme meilleure de race au Klubmatch belge de 91. Propr. P. Rebecchi.

Face v. Grutenblick (Kai v. Tengen x Bea v. d. Hembachbrucke), Bundessiegerin (photo Rebecchi).

« Cage thoracique spacieuse, large et bien descendue avec un poitrail bien développé et des côtes bien cintrées. Dos droit, puissant et ferme. Le rein est court, fort et haut. Les flancs ne sont pas retroussés. La croupe est large, de longueur moyenne, légèrement arrondie. Elle ne doit être ni rectiligne ni avalée. »

Si la cage thoracique spacieuse, large et aux côtes bien cintrées constitue un facteur important, cela est dû à l'important développement de la capacité pulmonaire du chien de travail.

De même, la présence d'un dos droit est fondamentale pour obtenir un mouvement correct avec une dépense minimale d'énergie, dès lors qu'elle favorise une insertion correcte des muscles du dos sur la colonne vertébrale. S'il faut un rein court et fort pour autoriser les accélérations rapides, la croupe doit être large pour permettre l'insertion correcte des muscles puissants des pattes postérieures.

Les flancs ne doivent pas être retroussés et, vu de profil, l'abdomen ne doit pas être levretté. Dans l'ensemble, le tronc du Rottweiler doit être à peu près cylindrique.

La queue

Le standard se contente de dire qu'elle doit être « coupée court ». En général, la queue est amputée au cours des premiers jours de la vie,

Deux belles photos de Tyson (Rambo v. Hennekamp x Astra), Saarlandjugendsieger 92, meilleur sujet jeune à l'Exposition de Essen de 92, déjà plusieurs fois vainqueur en Italie et en Allemagne. Propr. P. Rebecchi (photo Rebecchi).

entre la première et la deuxième vertèbre.

Le Rottweiler est un chien qui remue souvent la queue, même pendant le travail, et pas seulement pour communiquer ses états d'âme ! En conséquence, si la queue n'était pas amputée – dans la mesure où elle possède une musculature puissante et un poil trop peu abondant – elle serait sujette à de fréquentes lésions traumatiques lentes à guérir.

Robe et poil

La robe du Rottweiler est formée par deux types de poil : le poil de couverture et le sous-poil. Le premier est de longueur moyenne, dur au toucher, lisse et bien serré contre le corps. Le second, de consistance laineuse, ne doit pas dépasser le poil de couverture. Les poils sont un peu plus longs aux membres postérieurs. La couleur doit absolument être noire, exempte de poils blancs (ce qui pénaliserait le sujet), avec des marques feu bien délimitées d'un ton brun-roux soutenu régulièrement réparties sur les joues, les côtés du museau, la base du cou, le poitrail, les membres, ainsi qu'au-dessus des yeux et en dessous de la racine de la queue.

LES PIEDS

pied correct — *métacarpe trop droit* — *pied de « lièvre » (ce défaut s'accompagne parfois d'un métacarpe trop fléchi)*

Belle expression empreinte d'attention et de vivacité de Ben v. Pfalzerland (HD 6, SCH 3, ZTP, Ch. Soc. 93). Propr. A. Zatelli.

Les membres antérieurs

« L'épaule est bien placée et bien attachée. Le bras est bien appliqué contre le tronc. L'avant-bras est vigoureusement développé et bien musclé. Le métacarpe est légèrement élastique, puissant et légèrement incliné. Les pieds sont ronds, avec les doigts bien serrés et cambrés ; les coussinets sont fermes, les ongles courts, noirs et solides. Vus de face, les membres antérieurs sont droits et non serrés. Vu de profil, l'avant-bras est vertical. L'omoplate fait avec l'horizontale un angle d'environ 45°. L'angle scapulo-

APLOMBS ANTÉRIEURS

cagneux *corrects* *panards*

Extra della Rocca Brancaleone (Ch. Mond. Curry de l'Elevage du Cavaliere Nero x Birba del Cavaliere Nero). SCH I, RCI CACIB, HD-/+, mâle de deux ans. El. et propr. A. Tappi.

Camilla dell'Ibisco (Jock x Pia v. Old Germany), jeune femelle prometteuse de vingt mois. El. et propr. V. Tassini.

huméral est d'environ 115°. » La position de l'omoplate est fondamentale dans l'obtention d'un mouvement correct. Le Rottweiler doit avoir une allure dégagée et souple. Une épaule trop droite (angles ouverts) enlèverait de l'amplitude au mouvement des membres antérieurs, conférant une certaine raideur au sujet. Parallèlement, une épaule trop inclinée (angles fermés) entraverait aussi le mouvement. Bien plus, on peut dire, d'après des considérations physiologiques purement théoriques, que des angulations excessives feraient tomber le chien vers l'avant. L'avant-bras – le segment formé par le radius et le cubitus – doit être rectiligne et parfaitement perpendiculaire au sol (les déviations sont à considérer comme des défauts), tandis qu'une légère angulation du métacarpe est nécessaire pour amortir les chocs inhérents au contact avec le sol lorsque le chien est en mouvement. La présence d'un métacarpe tendu, droit et perpendiculaire au sol s'accompagne d'une allure presque sautillante (le chien « steppe »).

Les membres postérieurs

« Cuisse de longueur moyenne, large et fortement musclée. Jambe longue, puissante et large par sa musculature. Elle se termine par un

Chris v. Obergrombacher Schloss

Blitz v. Haus Gronemann (Gliff v. Magdebery x *Indra v. Old Germany) (photo Reichel).*

APLOMBS POSTÉRIEURS

cagneux *corrects* *panards*

ENSEMBLE CORRECT

AB = hauteur du garrot
CB = longueur du tronc
AB = légèrement inférieur à BC

jarret puissant, bien coudé, aux tendons solides, sans raideur. Les pieds sont légèrement plus longs que ceux de devant, également avec des doigts forts, cambrés et bien serrés, sans ergots. Vus de derrière, les membres postérieurs sont droits et non serrés. En station libre, les articulations coxo-fémorale, fémoro-tibiale (grasset) et tibio-tarsienne (jarret) forment des angles obtus. »
Le membre postérieur joue un rôle fondamental dans le mouvement du sujet, d'où la nécessité d'une construction correcte : il agit en effet comme propulseur en transmettant l'impulsion au tronc lorsque le chien est en mouvement. En ce sens, plus l'on se rapproche de la construction osseuse et musculaire idéale, plus le sujet aura une allure dégagée et puissante, avec une dépense minimale en énergie. C'est ainsi qu'il présentera une plus grande résistance à la fatigue et un meilleur rendement dans le travail.

Les allures

Le standard précise que le Rottweiler est un trotteur. Le trot est une allure naturelle sautée en deux temps dans laquelle les membres se déplacent en diagonale. Le dos reste « ferme et relativement immobile », avec un pas ample et puissant.
Les allures raides, courtes, sautan-

DÉFAUTS GÉNÉRAUX

tronc dans le « carré »

tronc trop allongé

sujet affecté de lordose

sujet affecté de cyphose

DÉFAUTS GÉNÉRAUX

ventre « rentré »

tes ou oscillantes sont considérées comme des défauts.

Les défauts

Le standard cite une longue liste de défauts de type (qui n'affectent pas les possibilités du sujet, mais les caractéristiques de la race) et de construction (défauts nettement plus graves qui, suivant le degré qu'ils présentent, peuvent aller jusqu'à limiter les capacités sportives du sujet). Ces défauts sont repris point par point dans l'analyse du standard. Il existe aussi une autre liste de défauts et d'anomalies très graves, de nature à exclure de la reproduction les sujets qui en sont porteurs. Le Club allemand du Rottweiler applique ces critères de sélection rigoureux depuis des années. Il s'agit en effet d'améliorer la race, à la fois sur le plan morphologique et psychologique, en empêchant la reproduction de sujets porteurs de tares :

– monorchidie ou cryptorchidie : l'un

au moins des testicules n'est pas bien descendu dans le scrotum ;
- dysplasie de la hanche ;
- problèmes de denture : prognathisme, énognathisme, absence de prémolaires ou de molaires ;
- entropion ou ectropion : mauvaise position des paupières contre le bulbe oculaire. Pour des raisons sanitaires évidentes, l'intervention chirurgicale que le chien affecté de telles anomalies peut être appelé à subir doit toujours être déclarée ; dans tous les cas, elle exclut le sujet des compétitions et de la reproduction ;
- les yeux jaunes « de rapace » ou qui ne regardent pas en face ; les yeux présentant d'autres couleurs ;
- interversion prononcée des caractères sexuels (femelles masculines et vice-versa) ;
- peur, timidité, lâcheté, crainte du coup de feu, nervosité et hyperexcitabilité ;
- poil beaucoup trop long et ondulé ; poil trop court ou absence de souspoil.

LA DYSPLASIE DE LA HANCHE

C'est un défaut de l'articulation coxo-fémorale qui correspond à l'aplatissement des cavités articulaires appelées acétabules.
« La dysplasie de la hanche n'est vraisemblablement pas le produit d'un seul facteur. On pense qu'il s'agit d'une affection héréditaire, même si le mode de transmission héréditaire est controversé. Bien que l'on soupçonne l'existence de facteurs distincts, en l'état actuel de nos connaissances, il semble logique de penser à une prédisposition plus qu'à une cause spécifique.
« La laxité congénitale de l'articulation coxo-fémorale, qui découle de facteurs hormonaux ou de l'absence des masses musculaires pelviennes, a été considérée comme un facteur étiologique. Quelle que soit la cause, l'acétabule est trop peu profonde pour assurer la stabilité de l'articulation, en particulier pendant le mouvement. Ce qui se traduit par une articulation anormale, une déformation de la tête du fémur et, finalement, par certaines formes d'arthrite. La gravité de ces altérations dépend dans une large mesure de l'anomalie de base, mais aussi de paramètres extérieurs comme l'alimentation et l'intensité des mouvements. »
(D'après le Traité de médecine interne du chien *de E. J. Catcott).*
Chez le Rottweiler, cette malformation a d'importantes répercussions qui se trouvent accentuées par le type de mouvement et de travail auquel le chien est soumis.
Le Club allemand, qui va jusqu'à exclure de la reproduction des sujets porteurs même d'une légère dysplasie, est très sévère dans ce domaine.
Le diagnostic implique obligatoirement une analyse radiographique effectuée par des vétérinaires officiellement reconnus par le Club.

Le caractère

Une race canine, quelle qu'elle soit, ne possède pas seulement des caractéristiques esthétiques et morphologiques bien précises qui la distinguent des autres ; elle présente aussi des comportements spécifiques, qui – si l'on tient compte des inévitables variantes constatées d'un sujet à l'autre – renvoient tous à quelques valeurs fondamentales, d'ailleurs mentionnées dans les standards.
A cet égard, il me semble utile de reporter ci-après, dans son intégralité, le paragraphe du standard consacré au caractère du Rottweiler. Chez cette race, le caractère est d'autant plus important qu'il est l'un des paramètres qui, à égalité avec les éléments morphologiques, définissent le type. Aujourd'hui,

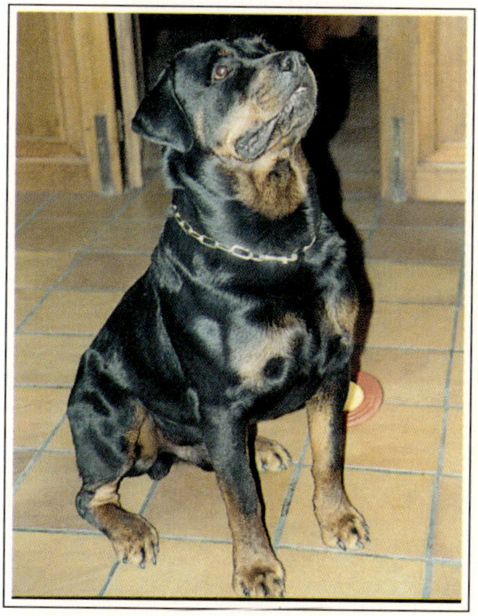

Bien qu'il soit un chien rustique, le Rottweiler s'adapte à n'importe quel mode de vie. Incontestablement, il apprécie beaucoup la maison où il a tissé des liens étroits avec son maître. Photo ci-dessus : Nelson v. Margraflerland. Propr. A. Tappi.

L'eau constitue toujours une forte attraction. Sur cette photo, Curry de l'élevage du Cavaliere Nero (Ch. Mond., It., SCH I) prend son bain, tandis que Birba del Cavaliere Nero semble attendre son tour. El. et propr. Y. Richard.

hélas, il est un certain nombre de personnes (futurs propriétaires de Rottweilers ou de reproductrices, petits éleveurs « privés »...) qui tendent à négliger ou même à ignorer cet aspect.

Voilà pourquoi il me semble utile de réfléchir sur les indications apportées par le standard.

« Le caractère du Rottweiler correspond à l'ensemble de ses aptitudes innées et acquises, aussi bien physiques que psychiques, qui déterminent et régulent son comportement en fonction du milieu environnant. Ses dispositions psychiques expriment : amitié, joie, calme, fidélité, obéissance et plaisir au travail.

« Ses tendances au mouvement et à l'action sont d'un niveau moyen.

Sous l'effet de la provocation, ses réactions sont certes dures et intrépides, mais contrôlées. Chez lui, les organes sensoriels se développent en fonction des besoins. Ses aptitudes peuvent être utilisées par l'homme : ses facultés d'apprentissage sont en effet excellentes. Le Rottweiler appartient à la catégorie de chiens au type très fort et équilibré. Sa tendance peu marquée à la méfiance, sa trempe moyenne et sa grande assurance expliquent ses réactions calmes et prudentes. S'il est menacé, en revanche, son instinct combatif, ses tendances innées et fortes à la lutte et à la défense déclenchent une réaction

TRAITS DE CARACTÈRE ET INSTINCTS DU ROTTWEILER

1.	*Pour la compagnie :*	
	– confiance en soi	*grande*
	– tempérament	*moyen*
	– intrépidité	*grande*
	– résistance	*grande*
	– tendance au mouvement et à la poursuite moyenne	*moyenne*
	– attention	*grande*
	– docilité	*moyenne à élevée*
	– méfiance	*peu marquée*
	– trempe	*peu marquée*
2.	*Pour l'escorte, la défense et l'utilité :*	
	– courage	*grand à très grand*
	– dureté	*grande*
	– plaisir du rapport	*moyen à élevé*
3.	*Pour la garde :*	
	– tendance à la vigilance	*moyenne*
	– surexcitation	*moyenne à élevée*
4.	*Capacités olfactives :*	
	– tendance à dénicher	*moyenne*
	– tendance à suivre les pistes	*élevée*

Jeux de neige. Noris v. Grutenblick et Ria v. Echterdingen (photo Rebecchi)...

... et jeux d'eau de Rambo v. Hennekamp (photo Rebecchi).

Le Rottweiler, qui aime suivre son maître partout, est heureux de partager ses moments de loisirs (photo Bertolini).

immédiate. Sa résistance à la douleur dénote courage et intrépidité. Une fois la menace disparue, son ardeur au combat s'atténue et il retrouve sans tarder son tempérament pacifique.

« Parmi les autres traits de caractère du Rottweiler, citons encore son attachement à son environnement, ainsi que sa propension à la vigilance et à la défense. Son flair est bon. Sa résistance est remarquable. Il se jette volontiers dans l'eau et aime les enfants. Il ne possède pas d'aptitudes à la chasse.

« Chez le Rottweiler, le dressage vise à développer les tendances et

Sujet sympathique âgé de cinq mois : Lucky dell'Ibisco (Glenn v. Graf Babo x Ondra v. Old Germany). El. V. Tassini.

Le Rottweiler, qui est un gardien sérieux et posé, sait se transformer en joyeux luron à la première occasion. Il ne demande pas mieux que de jouer avec l'eau lorsque son maître prétend arroser les fleurs (photo A. Tappi).

caractéristiques évoquées dans le tableau précédent.

« On observe que ces traits de caractère et ces instincts se manifestent dans des proportions et avec une intensité différentes. Ils se superposent ou se complètent. Ils doivent cependant être bien développés et évidents suivant le genre de service que l'on attend du chien. »

J'aimerais souligner ici l'importance de la première phrase du standard. Il ne fait aucun doute que le caractère d'un chien dépend dans une large mesure de son patrimoine génétique, ce qui rend absolument indispensable une évaluation précise du caractère et du comportement de ses parents (aptitudes innées). Dans le même temps, tout sujet est influencé et modelé à la fois par l'environnement dans lequel il se trouve placé dès les premiers mois de sa vie et par les rapports sociaux (aptitudes acquises). Il me semble impossible d'évaluer dans quelle proportion ces facteurs contribuent à la formation du caractère du sujet adulte, ne serait-ce que sur la base de toutes les variables individuelles. Un sujet doté d'un caractère fort et équilibré sera moins soumis aux stimuli négatifs de son environnement, tandis qu'un sujet moins sûr de lui le sera plus facilement et risquera de manifester, une fois adulte, des comportements peureux, timides, lâches, qui non seulement l'excluront de la repro-

Malgré son aspect trapu, le Rottweiler est un chien très agile. Oh ! le pauvre chat ! (photo A. Tappi).

duction (selon le standard), mais en feront un chien difficile à dresser et parfois dangereux.

Les qualités de loyauté et d'obéissance du Rottweiler, associées à son calme et à son caractère sociable, en font un chien qui se lie beaucoup à l'homme. Bien plus, le Rottweiler a besoin d'avoir un compagnon-homme pour « chef », afin de pouvoir exprimer au mieux tous les aspects de son caractère. Cette caractéristique, alliée à sa faible propension à l'action et au mouvement, fait de lui un chien paisible qui trouvera facilement sa place au sein d'une famille.

Un sujet bien équilibré est très sûr de lui. Il a en outre une grande résistance à la douleur et beaucoup

de courage. En cas de provocations extérieures, il réagit vivement et avec hostilité, mais une fois que le danger est passé, il retrouve son calme plus rapidement que n'importe quel autre chien parce qu'il n'a jamais perdu le contrôle de lui-même.
Cet équilibre « psychique » est l'un des traits de caractère les plus intéressants du Rottweiler. Ce chien très sociable avec ses familiers et peu méfiant sait se montrer réservé avec les étrangers sans jamais se départir de sa vigilance. Dans tous les cas, seul un sujet extrêmement équilibré sera un bon compagnon pour les enfants, capable d'instaurer avec eux un rapport ludique adéquat.
La « trempe moyenne » qui le caractérise le rend un peu plus lent que d'autres races canines (comme le Berger allemand) dans l'apprentissage inhérent au dressage. En revanche, il retient plus longtemps les notions apprises. Le fait qu'il ne présente pas d'aptitudes particulières à la chasse risque de sembler étrange si l'on pense que ce chien était, à l'origine, un chasseur. Il faut cependant savoir que la sélection opérée par l'homme au cours des siècles chez certaines races a atténué ces instincts pour en renforcer d'autres. A mon avis, il n'en demeure pas moins que ces instincts peuvent se réveiller chez n'importe quel sujet se trouvant dans la nécessité de se procurer de la nourriture.

Savoir comprendre le chien et s'en faire comprendre

par le Pr M. Verga

Nous avons tous pu constater la variété des signaux que les chiens utilisent dans leurs rencontres, soit avec leurs congénères, soit avec l'homme : signaux vocaux (japper, aboyer, grogner...) ou visuels (s'abaisser sur les pattes de devant pour inviter au jeu ; garder les oreilles et la queue pendantes, en signe de crainte ; frétiller de la queue, en agitant tout le corps, dans l'attente de quelque gourmandise ou d'une belle promenade...). L'ensemble de ces signaux, et d'autres encore – comme les signaux olfactifs transmis surtout par l'émission d'urine – s'insèrent dans une sorte de langage qui constitue le système de communication caractéristique de l'espèce. Au sein de chaque espèce, en effet, les animaux communiquent entre eux par des messages spécifiques.

Fritz v. Schweiger Wappen : Ch. de Saint-Marin et Ch. Int. Propr. C. Bertolini.

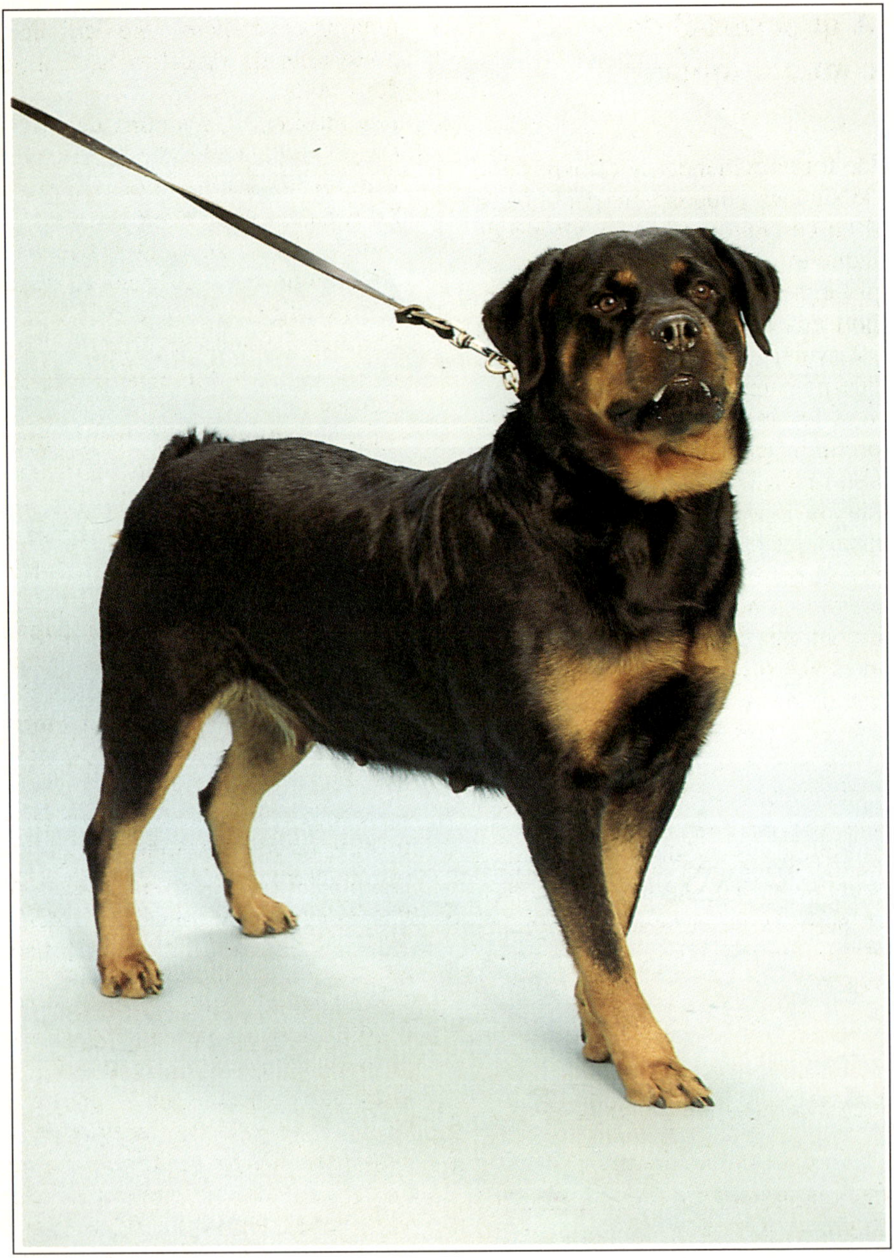

Ondra v. Old Germany, SCH I, Ch. It. de beauté. Propr. él. de l'Ibisco de V. Tassini.

À quoi sert-il de communiquer

De toute évidence, la transmission de signaux suppose une vie sociale d'un certain niveau à l'intérieur de laquelle chaque individu trouve sa place, son rang et son rôle par rapport aux autres. Cette organisation est avantageuse tant pour l'individu que pour le groupe. En effet, à travers les indications des autres, le premier accroît ses chances de se nourrir et de s'accoupler – c'est-à-dire de survivre et de se reproduire – tandis que le second réussit à conserver sa cohésion sans que ses membres aient à s'affronter sans cesse. En outre, la communication entre les membres du groupe social leur permet de mieux se défendre contre les dangers, dans la mesure où ceux-ci leur sont signalés rapidement, même à distance, surtout par le biais de messages acoustiques.
Le chien appartient à une espèce hautement « sociale » et donc riche en signaux de communication, en particulier visuels, acoustiques et olfactifs.

Les messages du museau

Les expressions du museau, c'est-à-dire de la face, sont vraiment capitales dans le langage du chien, notamment chez les races qui ont la possibilité de modifier la position des oreilles.
Les différentes positions des oreilles, ainsi que celles des lèvres, peuvent révéler les intentions du chien.
En résumé, on peut retenir que :
– un regard fixe et attentif, avec une pupille réduite, éventuellement accompagné d'un grognement sourd et d'un poil légèrement dressé sur le dos sont des signes de menace ;
– un regard abaissé et fuyant indique d'ordinaire la timidité ; mais soyez prudent, car si le chien a véritablement peur, ce signal risque de se transformer progressivement en un signal de pré-attaque ;
– un regard attentif accompagné d'un frétillement de la queue, d'aboiements et d'un abaissement de la partie antérieure du corps signifie : « Veux-tu jouer avec moi ? » ;
– un air languissant et, « humainement » parlant, presque implorant, éventuellement accompagné d'une position « assise » et d'une légère perte de salive signifie que notre ami attend patiemment sa pâtée ;
– un regard « absent », un air apathique et une réaction peu marquée aux signaux transmis peuvent indiquer que « quelque chose ne va pas » sur le plan organique, trahir la présence d'une maladie et même d'une pathologie nerveuse. Dans certains cas, ce regard accompagne de vérita-

Irk v. Obergrombacher Schloss à l'âge de dix-neuf mois (photo Reichel).

bles « crises » nerveuses pouvant comporter des épisodes d'agressivité soudaine et absolument imprévisible, même à l'égard de personnes que l'animal connaît bien, comme son propre maître.

Les messages du corps et de la queue

Le chien peut utiliser l'ensemble de son corps pour transmettre des

LES FONCTIONS DE LA QUEUE D'APRÈS QUELQUES AUTEURS

La queue pourrait être :

a) un instrument ayant un rôle social ou sexuel dans la mesure où elle couvre ou découvre tour à tour les parties anale et génitale pour attirer l'attention ;

b) un instrument servant à signaler le « rang social » de l'individu à l'intérieur du groupe dans la mesure où l'intensité et l'ampleur du frétillement peuvent indiquer le niveau de contrôle de l'émotivité de l'animal.

CE QUE PERÇOIT LE CHIEN

Certaines personnes sont convaincues que le chien « perçoit » les dispositions amicales, les sentiments de crainte, etc. Plus simplement, l'animal peut démontrer qu'il a perçu les messages qui lui ont été transmis par l'homme au moyen des positions de son corps, ne serait-ce que par une attitude décontractée.

signaux, soit en modifiant ses postures, soit en dressant son poil, de sorte qu'il semble augmenter de volume. Le principe est simple : plus l'animal paraît imposant (oreilles et poil dressés, position droite), plus il peut affirmer sa domination sur ce qui l'entoure, y compris ses congénères et les personnes. En revanche, plus il semble « rapetissé » (queue entre les pattes, oreilles pendantes, position à demi-couchée), plus il cherche à se montrer soumis, perdant, voire « amoureux » (dans le cas d'un mâle courtisant une femelle en chaleur).

La signification du frétillement de la queue n'est pas encore tout à fait claire. En effet, nous comprenons tous le message transmis par notre chien lorsqu'il vient à nous en remuant la queue et en tenant la laisse, l'écuelle ou la balle dans sa gueule : nous l'interprétons comme son désir de partir se promener, de recevoir sa ration de nourriture ou de jouer avec nous. Cependant, le chien frétille souvent de la queue, même si c'est avec moins de souplesse, également quand il est en situation de rivalité avec d'autres chiens ou dans une attitude pré-agressive. Ce comportement se manifeste déjà chez le chiot pendant la tétée ou dans tous les autres cas de compétition avec les frères de la portée.

Ossi v. Margraflerland peut avoir des expressions attentives même au repos. Ch. It. de beauté. Propr. Tappi-Lucchi.

Par ailleurs, chaque sujet peut signaler sa présence par un mouvement de la queue dans le sens où, en frétillant de la queue, il répand un signal olfactif qui, comme nous le verrons plus tard, est un autre système de communication vraiment très important.
Le frétillement de la queue dans l'attente du jeu ou d'une récompense est un signal de type enfantin que le sujet adulte conserve à l'égard de ses congénères et de l'homme.

Ce que dit le chien lorsqu'il « parle »

Les messages acoustiques ou émissions sonores sont utilisés dans une large mesure par le chien également pour communiquer à grande distance. Qui d'entre nous n'a pas entendu ces chœurs à plusieurs voix qui se déclenchent aux heures les plus inimaginables de la nuit, dans le calme le plus absolu, en plein milieu d'un

Le Rottweiler ne dédaigne pas les jeux. Ce groupe de nageurs appartient à l'élevage du Cavaliere Nero de Y. Richard.

sommeil bien mérité ? C'est ce qui se produit lorsque les chiens du voisinage signalent à leurs semblables un bruit insolite perçu dans les environs ou simplement lorsque quelqu'un passe devant le portail...
De même, nous connaissons bien le « langage furieux » que certains chiens adoptent pour signaler à leur maître que quelqu'un est en train de s'approcher de la porte d'entrée – chose d'ailleurs naturelle de la part de l'animal en tant qu'instinct de défense du territoire, mais souvent assez gênante pour le maître... et ses voisins !
Toutefois, l'un des buts de la communication acoustique est de signaler un danger au groupe, de manière à permettre la préparation à la défense.
Les messages transmis par des émissions sonores varient suivant le type de voix utilisé : le chiot signale à sa mère qu'il a froid, faim ou besoin de soins par des gémisse-

QUELQUES RÈGLES POUR COMMUNIQUER AVEC LE CHIEN

• Le chien est un animal « social » dont les comportements sont déterminés soit par les caractéristiques propres à son espèce et à sa race, soit par l'environnement dans lequel il vit. Ces comportements évoluent avec le temps, au fil du passage de l'âge du chiot à l'âge adulte. Ainsi, pour donner une éducation correcte à votre élève et obtenir un sujet équilibré, vous commencerez par communiquer avec lui et par bien comprendre les messages qu'il émet dès son plus jeune âge, car c'est surtout dans la première partie de sa vie qu'il présente les plus grandes facultés d'apprentissage.
• Si vous voulez « soumettre » le chiot ou le sujet adulte (à condition d'avoir d'abord affirmé votre « domination » sur lui), prenez-le par la nuque, tout comme la mère le fait avec ses chiots.
• Le fait de regarder un chien droit dans les yeux est un signe de défi.
• Certains stimuli extérieurs – comme les chapeaux, les uniformes, les combinaisons ou les tenues étranges, et en tout cas éloignées de la norme, comme la blouse blanche du vétérinaire – peuvent susciter des réactions de fuite ou d'agressivité chez un chien qui n'y est pas habitué.
• Il peut arriver que le chien réagisse mal même à des stimuli apparemment neutres, du moins à nos yeux. Cela se produit en général parce que l'animal associe ces stimuli à des expériences particulièrement négatives ou traumatisantes.
• Ne vous approchez jamais d'un chien que vous ne connaissez pas en ayant les bras levés, en gesticulant beaucoup ou en tapant des pieds.
• Chaque « ordre » visant l'obéissance doit être donné au moyen d'un message acoustique et visuel identique. Si plusieurs personnes de la famille viennent à s'occuper du chien, il importe que toutes se mettent d'accord sur les signaux à donner et réagissent de la même manière face à ses comportements.
• Les récompenses, tout comme les réprimandes (jamais des punitions trop sévères !), ne peuvent être efficaces que si elles sont immédiates : elles doivent suivre de près le comportement de l'animal et ne pas être données à quelques heures – voire à quelques minutes – d'intervalle.
• La communication entre l'enfant et le chien se fait en général très vite et très bien ; toutefois, il est recommandé de surveiller, du moins au début, leur entrée en contact, afin d'éviter de regrettables malentendus.

ments ; le sujet adulte signale un danger ou une proie à son compagnon par des aboiements ; le mâle prévient la femelle de son « ardeur amoureuse » par toute une gamme de sons.

Comment communiquer oralement avec le chien

Une opinion largement répandue parmi les propriétaires de chiens veut

Harkon v. Leinetal (Barry v. Barkfes x Frony v. Omen Hameln) (photo Reichel).

qu'un chien « comprenne » la signification des mots les plus divers et des discours les plus complexes, de telle sorte qu'il serait possible d'avoir avec lui de longs dialogues, soit pour le récompenser, soit au contraire pour désapprouver un comportement négatif. En réalité, la seule chose certaine est que le chien apprend à associer tel ou tel de nos signaux à un comportement et, par la suite, à l'une ou l'autre de nos réactions. Par

Tyson au travail (photo Rebecchi).

exemple, il peut associer le mot « Viens ! » au fait de s'approcher de nous et de recevoir en récompense une gourmandise ; l'ordre « Assis ! » au fait de s'asseoir devant nous pour recevoir aussitôt après une caresse accompagnée d'un « Bravo ! » ; ou encore l'ordre « Va ! » au fait d'essayer de grimper sur le canapé et d'entendre aussitôt un « Non ! » sec de désapprobation.

C'est à travers ces associations que s'instaure ce que l'on a coutume d'appeler l'« apprentissage par conditionnement » et qui correspond pour le chien au fait d'apprendre qu'il existe une relation entre un signal acoustique donné, la réaction qu'il manifeste et les conséquences qui en résultent, surtout s'il s'agit d'une récompense.

Peu importe la nature de la parole qui fait fonction de signal dans les messages à transmettre. L'important, c'est que vous utilisiez, pour chaque message, toujours la même formule, le même ton de voix et les mêmes gestes. Autrement, votre ami sera désorienté : ne vous attendez donc pas à ce qu'il obéisse à des signaux différents indiquant pourtant la même chose.

Lorsque le chien aboie mal à propos

Vous pouvez parfois avoir l'impression que votre chien cherche littéralement à vous rendre sourd par ses aboiements insistants. Il arrive même que l'on entende certaines personnes désespérées dire : « Je ne sais plus quoi lui donner ni quoi lui dire pour qu'il cesse d'aboyer ». Or, considérant que l'aboiement est précisément un système de communication, on doit logiquement s'attendre à ce qu'une réaction immédiate au message transmis par le chien non seulement ne l'atténue pas, mais le renforce ! Il vous appartient donc de faire la distinction entre l'aboiement opportun et l'aboiement gênant et inutile. Si vous accordez de l'attention au premier et ignorez le second, votre chien pourra discerner quand son système de communication fait l'objet de votre approbation et quand il ne le fait pas. Par exemple, s'il aboie avec insistance après vous avoir rapporté une balle, ne pensez pas qu'il arrêtera si vous continuez de jouer. En fait, il rapportera promptement la balle et recommencera à aboyer. Si en revanche, vous lui enseignez à obéir à un ordre qui lui impose le silence, alors oui, en guise de récompense, vous pourrez lancer loin la balle pour le faire jouer !

Les signaux olfactifs et la délimitation du territoire

Pourquoi le chien n'a-t-il jamais fini d'uriner ? Si vous avez un chien mâle, vous aurez sûrement remarqué – surtout si vous vous rendez dans un endroit inhabituel pour la promenade quotidienne – que, lorsqu'il se trouve en présence d'autres chiens mâles ou de femelles en chaleur, votre chien s'empresse de « marquer » à l'urine tous les objets verticaux qu'il rencontre sur son chemin : arbres, roues de véhicules, angles de bâtiments... C'est en effet sa manière de « signaler » sa présence aux autres et d'indiquer qu'il serait prêt à s'accoupler avec les femelles disponibles. Le message olfactif repose sur l'émission d'odeurs faite indirectement au moyen de l'urine, des selles, de la salive et, directement, par des glandes spécifiques. Pendant les périodes de chaleurs, on voit apparaître des phéro-hormones, c'est-à-dire des sécrétions indiquant la disponibilité sexuelle de l'animal.
Le phénomène de délimitation du territoire est plus intense chez les animaux dominants pour écarter les individus « soumis », surtout ceux du même sexe.
Ce comportement peut toutefois être limité par la castration. Bien souvent aussi, le chien marque son territoire en creusant des trous.

Lorsque le chien fait ses besoins à l'intérieur

Ce comportement très gênant est caractéristique du chiot que l'on vient d'amener chez soi. Il doit devenir de moins en moins fréquent, jusqu'au point de disparaître, une fois que l'animal aura appris de son maître qu'il doit faire ses besoins exclusivement à l'extérieur. Si ce comportement subsiste, cela peut être le signe d'un état pathologique (le chien est malade et ne réussit pas à se retenir), d'une éducation inadaptée ou encore de diverses formes de « troubles du comportement » (tels le « syndrome de l'abandon », lorsque le chien fait ses besoins à la maison uniquement lorsqu'il y est laissé seul). La « miction de soumission », qui implique une émission plus ou moins importante d'urine, correspond à un message particulier : on l'observe, par exemple, chez le chien qui retrouve son maître après avoir été laissé seul pendant une période plus ou moins longue de la journée ; chez le sujet que l'on réprimande, même seulement oralement ou chez celui qui est particulièrement nerveux. Ce phénomène d'ordre émotif ne peut presque jamais être résolu au moyen de méthodes punitives : dans les cas précédents, comme dans tous les autres cas de troubles du comportement, il est donc essentiel de bien comprendre les causes qui en sont à l'origine. Lorsque vous savez que le problème ne dépend pas d'une maladie organique particulière, vous pouvez trouver la méthode adéquate pour modifier le comportement, si possible de manière durable et définitive.

La reproduction

par le Pr L. Guidobono Cavalchini
et le Dr C. Cristofalo

L'accouplement

Le choix de l'accouplement le plus adapté doit être fait avec beaucoup de soins. Il suppose en outre des connaissances spécifiques qui découlent d'une formation de base adéquate et d'une expérience suffisante.
Si vous n'êtes pas suffisamment préparé, il vous est recommandé de suivre les conseils d'éleveurs forts d'une longue expérience et dont le sérieux ne peut être mis en doute. De plus, il est non seulement nécessaire d'évaluer les différents sujets, mais aussi de connaître les généalogies et les résultats des accouplements antérieurs.
Enfin, il importe surtout que les reproducteurs soient en bonne santé et ne transmettent pas de tares héréditaires (dysplasie de la hanche, cryptorchidie, ectropion, entropion, surdité, cécité, atrophie progressive de la rétine, etc.). Ils doivent en outre présenter des caractéristiques morphologiques adéquates et un caractère franc et bien équilibré.
La perspective de la gestation, de la mise bas et, surtout, de l'élevage et du sevrage des chiots peut se révéler une expérience passionnante et très agréable. Elle exige cependant des sacrifices et de la disponibilité, ainsi qu'un lieu adapté. De plus, il est nécessaire de prévoir à l'avance à qui, ou par quel biais, on cédera les chiots une fois qu'ils auront été sevrés.
Le chien est une espèce chez laquelle les chaleurs et l'ovulation se manifestent en moyenne tous les six mois, même s'il existe de grandes fluctuations (voire de cinq à douze mois) selon les individus ou l'époque de

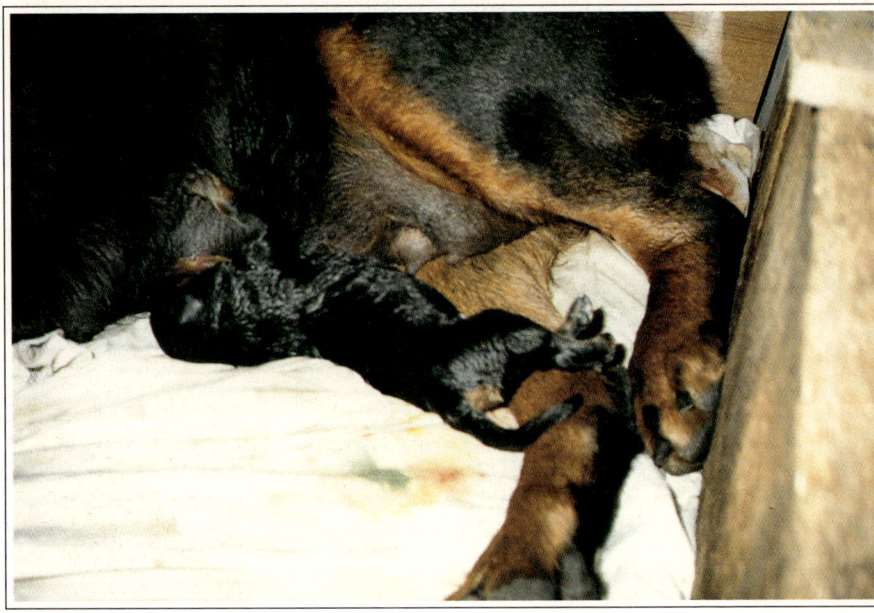

Ce chiot âgé de quelques minutes seulement est encore humide, mais son instinct l'a déjà poussé en direction des mamelles de sa mère pour son premier repas (photo Reichel).

COMMENT RECONNAÎTRE LES CHALEURS

- *Elles durent environ trois semaines, avec de fortes variations suivant les individus.*
- *Le comportement de la chienne se modifie. Elle devient nerveuse et irritable. Dans sa recherche de mâles, elle fait des tentatives de fugue fréquentes et imprévisibles, faisant fi des obstacles.*
- *Elle joue volontiers avec d'autres chiens (mâles ou femelles) et avec ses maîtres, présentant des comportements de saillie.*
- *Elle urine très fréquemment – même s'il s'agit seulement de quelques gouttes – et soulève souvent l'une de ses pattes postérieures à la manière des mâles.*
- *La vulve augmente de volume et la chienne se lèche souvent.*
- *On constate de légères pertes sanguinolentes pendant les dix premiers jours.*
- *L'ovulation a lieu entre le dixième et le quatorzième jour ; la femelle accepte alors le mâle.*
- *De toute façon, il existe de grandes fluctuations d'un individu à l'autre.*

Pour des chiots âgés de quinze jours, la chose la plus importante après la bouillie, c'est la sieste. Chiots de l'élevage de la Rocca Brancaleone de A. Tappi.

l'année. Chez les canidés sauvages, par exemple, les chaleurs ne surviennent en général qu'une fois par an.

Les premières chaleurs surviennent normalement entre le huitième et le douzième mois. Toutefois, dans la mesure où l'organisme n'a pas toujours, à ce stade, terminé sa croissance, il est conseillé de ne faire saillir la chienne qu'à partir de la deuxième ou de la troisième fois : une gestation prématurée risquerait en effet de compromettre le développement normal de son corps.

Les chaleurs se manifestent tout au long de la vie de la femelle. De fait, en l'absence de ménopause, les chaleurs ne s'arrêtent pas avec la vieillesse.

Il convient de ne pas accoupler la chienne à chaque fois que les chaleurs surviennent, mais seulement une fois sur deux, de manière à ce qu'il s'écoule un intervalle suffisamment long entre deux gestations.

Il est aussi recommandé de ne plus accoupler des femelles ayant dépassé l'âge de sept ou huit ans.

Les différents cycles physiologiques sont liés à des variations hormonales complexes.

La femelle n'accepte le mâle que pendant la période des chaleurs – c'est-à-dire, en général, entre le dixième et le quatorzième jour –

Soins attentifs de la mère. Portée de l'élevage de Casa Reiza de Reichel et Zatelli.

même si certaines l'acceptent pendant des périodes plus courtes (une journée, voire moins) ou plus longues. Une fois que la fécondation a eu lieu, la femelle n'accepte généralement plus le mâle. Il est possible de déterminer le moment le plus propice à l'accouplement au moyen de l'analyse au microscope d'un frottis vaginal ou de celle de la progestérone.

Bien que les mâles atteignent eux aussi la maturité sexuelle entre le huitième et le douzième mois, il est recommandé de ne pas procéder à l'accouplement avant qu'ils aient au moins un an. Ils sont attirés par les fortes odeurs émises par les femelles, odeurs qu'ils peuvent percevoir à de très grandes distances.

Le mâle reste fécond tout au long de sa vie, à condition toutefois d'être sollicité comme reproducteur. S'il ne l'est pas pendant quatre ou cinq ans, il lui sera difficile de se reproduire.

Comment se fait l'accouplement

D'une manière générale, le mâle est conduit auprès de la femelle pen-

UN ACCOUPLEMENT INDÉSIRABLE PEUT-IL AVOIR DES RÉPERCUSSIONS SUR LES PORTÉES FUTURES ?

L'état actuel de nos connaissances dans le domaine de la biologie explique que la théorie du début du XXe siècle nommée télégonie soit aujourd'hui vivement contestée. Selon cette théorie, une chienne qui se serait laissée « séduire » par un chien bâtard en subirait les conséquences même dans ses portées ultérieures. En fait, il n'y a pas lieu de s'inquiéter d'un tel comportement, puisque toute gestation – et la nichée qui s'ensuit – est influencée uniquement par les partenaires de cet accouplement précis. Malheureusement, il existe encore à l'heure actuelle des personnes convaincues de la validité de cette théorie.

dant la période où celle-ci accepte d'être saillie. Outre les examens de laboratoire évoqués plus haut, le comportement de la femelle aide aussi à déterminer le moment le plus favorable. Pendant la période où elle accepte le mâle, la femelle déplace sa queue de côté, surtout si on la touche sur le dos. Certaines femelles se montrent calmes même en présence de mâles inconnus, tandis que d'autres, plus nerveuses, ont besoin de plus de temps pour les « présentations ». La phase préliminaire se caractérise par des avances et des jeux rituels. Les deux chiens se reniflent et se lèchent jusqu'à ce que la chienne laisse le mâle la chevaucher (saillie), autorisant leur union (copulation). Si la femelle refuse le mâle – ce qu'elle fait parfois de manière énergique et agressive – c'est souvent parce que le moment a été mal choisi, mais ce peut être aussi en raison d'un comportement anormal de la femelle.

Chez les sujets jeunes, il est quelquefois nécessaire d'aider le mâle et de retenir la femelle, mais il est toujours préférable que les deux chiens prennent tout leur temps et que la saillie se fasse naturellement. La saillie suppose d'abord l'érection du pénis et la pénétration dans le vagin. Peu après, le mâle effectue une rotation qui le fait passer pardessus le dos de la femelle sans pouvoir se détacher d'elle. Selon cette particularité anatomique qui implique une flexion du pénis d'environ 180°, les deux sujets se retrouvent placés croupe à croupe, position qu'ils conserveront en moyenne pendant quinze à vingt minutes, mais qui peut aussi varier de cinq à quarante-cinq minutes.

L'éjaculation se produit pendant cette seconde phase de l'accouplement. Ensuite, le pénis diminue de volume et les deux sujets se détachent. Toute séparation violente doit absolument être évitée à ce stade, car elle risquerait de provoquer de graves lésions aux organes génitaux. Il est donc nécessaire que deux personnes soient présentes

UNE MÊME PORTÉE PEUT-ELLE ÊTRE LE PRODUIT DE PLUSIEURS PÈRES ?

Il peut arriver qu'au cours d'une même période de chaleurs, une chienne soit fécondée par au moins deux étalons. Physiologiquement parlant, il est fort possible, en effet, que plusieurs ovules soient fécondés par les spermatozoïdes d'un mâle et que plusieurs autres le soient par ceux d'un autre mâle. Cette possibilité tient au fait que la durée de vie des spermatozoïdes présents dans l'appareil génital de la femelle est relativement longue. Ce cas est cependant assez rare. Du reste, chaque ovule ne peut être fécondé que par un seul spermatozoïde. Il faut donc faire preuve de vigilance aussi après l'accouplement et continuer de surveiller la chienne si l'on veut éviter de « mauvaises rencontres ».

lors de l'accouplement, afin de retenir les deux sujets et d'éviter une séparation trop brutale. Il est conseillé de procéder à deux ou trois accouplements séparés par des intervalles de vingt-quatre à quarante-huit heures. Enfin, dans les cas où l'accouplement de deux sujets s'avère impossible, on peut recourir à la fécondation artificielle.

La gestation

La gestation dure en moyenne de soixante à soixante-trois jours. Toutefois, dans la mesure où les spermatozoïdes peuvent subsister dans l'appareil génital de la femelle pendant une durée relativement longue, il n'est pas possible de connaître la date précise de fécondation des ovu-

PLUSIEURS ACCOUPLEMENTS ÉLOIGNÉS L'UN DE L'AUTRE PEUVENT-ILS ÊTRE NUISIBLES ?

Certains soutiennent à tort que, si une femelle a fait l'objet d'accouplements successifs à quelque temps d'intervalle, il est possible que l'on se retrouve avec des ovules fécondés à des moments différents. C'est ainsi que certains chiots naîtraient à terme et d'autres prématurément. Or cette opinion n'a pas de fondements sur le plan biologique car l'ovulation est provoquée par des stimuli hormonaux précis et survient dans des délais très brefs. Chez les chiens sauvages, les accouplements se succèdent normalement tant que la femelle accepte le mâle et il n'y a pas de raison que ce phénomène nuise au bon déroulement de la gestation de nos chiennes. Par conséquent, si l'on procède à des accouplements répétés à vingt-quatre ou quarante-huit heures d'intervalle, on augmente les chances de fécondation.

DIAGNOSTIC DE GESTATION

• Il s'effectue entre le vingtième et le vingt-cinquième jour qui suit l'accouplement par une palpation de l'abdomen. Le risque d'erreur est plutôt élevé et dépend de la masse physique de la chienne, du gonflement de son abdomen et de la facilité de la palpation.
• Dans les vingt à vingt-cinq jours qui suivent l'accouplement, l'échographie permet d'observer les formations embryonnaires et les battements de cœur des chiots.
• Dans les quarante-six à cinquante jours qui suivent l'accouplement, l'examen radiographique permet de mettre en évidence les centres d'ossification des chiots.
• Il n'existe pas, dans le cas présent, de tests rapides comme on peut en trouver pour d'autres espèces.

les. Ce qui explique les fortes variations observées. On connaît ainsi des cas où la durée de la période de gestation consécutive à l'accouplement a oscillé entre cinquante-sept et soixante-douze jours. On comprendra donc qu'il soit recommandé de noter systématiquement les dates des divers accouplements.
Pour ce qui concerne les variations hormonales, il a été observé que la donnée la plus constante correspond à la période qui sépare la date d'obtention du taux maximal de progestérone – pic de lutéine observé environ deux jours avant l'ovulation – de la parturition. Cette période s'étend sur soixante-quatre ou soixante-six jours. Chez les chiens, la fécondation de l'ovule ne suit pas immédiatement l'ovulation, car il faut un temps de maturation de deux ou trois jours.
Au cours du premier mois de gestation, la femelle ne présente pas de signes particuliers. Au cours du deuxième mois, en revanche, on remarque un gonflement progressif de son abdomen.
La chienne en gestation a besoin d'exercice physique et au moins d'une promenade quotidienne, mais il ne faut pas lui faire faire d'efforts excessifs ni de sauts. Au cours du second mois, on veillera à améliorer son alimentation et à faire passer à deux le nombre de ses repas, tout en évitant de la faire grossir. Une semaine avant la date prévue pour la mise bas, on préparera sa caisse dans un lieu isolé et tranquille.

La mise bas ou parturition

La chienne qui est sur le point de mettre bas est en général agitée. Elle a tendance à vouloir creuser et cherche à se faire un « nid ». La veille de la mise bas, elle cesse de

Regard interrogateur sur le monde (photo Reichel).

manger et, dans les douze à vingt-quatre heures qui précèdent, sa température baisse d'environ un degré. Il convient par conséquent de prendre sa température pendant quelques jours, toujours à la même heure, sans oublier de noter la date.

Il est important que la chienne comprenne où elle doit mettre bas. Pour cela, elle doit avoir à sa disposition une caisse adaptée à ses dimensions, généralement construite en bois et placée dans un endroit isolé qui lui est néanmoins familier.

Pour une chienne de petite taille, cette caisse mesure 100 x 80 cm, avec des bords de 40-50 cm. On peut aussi mettre à l'intérieur de la caisse, à environ 20 cm de hauteur, un élément destiné à éviter l'écrasement des chiots par la mère. Sur le fond, on peut clouer de la moquette, à condition de la changer souvent. Pendant l'hiver, en l'absence de chauffage, on fera bien d'installer au-dessus de la caisse une lampe à infrarouges, tout en veillant à ce qu'elle ne chauffe pas trop. Pendant la mise bas, la chienne doit être laissée le plus possible tranquille. La plupart du temps, elle se débrouille seule, sans intervention humaine, mais il est préférable de la surveiller. Les chiots se présentent en général

QUAND LA MISE BAS EST IMMINENTE...

• *Une ou deux semaines avant la mise bas, les mamelles de la chienne gonflent. La lactation peut déjà commencer, mais elle peut aussi tarder jusqu'à la veille de la mise bas.*
• *Deux ou trois jours avant, la chienne se montre plus calme, tend à s'isoler et mange moins.*
• *Douze à vingt-quatre heures avant, la température rectale diminue d'environ un degré. La musculature pelvienne et abdominale se relâche. La chienne boit, mais ne mange pas.*
• *Douze à vingt-quatre heures avant, la respiration se fait plus insistante, la chienne creuse fébrilement, mordille et détruit des objets (couvertures ou autre) : elle se prépare un « nid » où elle pourra mettre bas.*

par la tête avec les membres antérieurs tendus en avant, même si la présentation podalique est assez fréquente sans pour autant entraîner des complications. En revanche, si l'on voit apparaître séparément un seul membre (ou deux) et la tête, la mise bas sera difficile. Dans ce cas, il ne faut absolument pas tirer, car les tissus, encore fragiles, pourraient être abîmés. Il suffit d'accompagner délicatement les contractions effectuées par la mère à intervalles réguliers. La femelle – surtout lors de sa première parturition et si elle est âgée de plus de trois ans – peut éprouver quelques difficultés à expulser le premier

Pour le chiot âgé de trente-cinq jours, la mère est un point de référence essentiel. Elevage de Casa Reiza de Reichel et Zatelli.

A l'âge de deux mois, le chiot a encore besoin de la présence de sa mère et de ses frères. Le séparer trop tôt de cet environnement risquerait de compromettre le bon développement de son caractère. Famille de l'élevage de la Rocca Brancaleone de A. Tappi.

chiot et cela peut durer même une heure. Chaque petit est enveloppé d'une membrane transparente que la chienne déchire aussitôt après la mise bas (ou qui peut se déchirer pendant celle-ci) avant de l'absorber. Elle coupe avec ses dents le cordon ombilical, le mâche avec insistance à hauteur de l'abdomen, lèche soigneusement le chiot pour stimuler sa respiration, puis le pousse résolument vers celles de ses mamelles qui sont les plus proches de lui. Le placenta peut être expulsé attaché au cordon ombilical ou dans les cinq à dix minutes qui suivent la naissance du chiot. Il est ensuite mangé par la mère.

La durée qui sépare la naissance de chaque petit est en général de deux à trois heures, surtout entre le premier et le second, car ensuite, normalement, cet intervalle se réduit.

Si la chienne est nerveuse, le dernier

chiot peut mettre jusqu'à dix-huit heures avant de sortir.

La durée de la mise bas est fonction du nombre de chiots et d'un certain nombre de facteurs liés à la mère. Elle varie de quatre à huit heures, mais peut aussi se prolonger pendant vingt-quatre heures sans complications. Toutefois, si elle n'est pas terminée au bout de huit heures, il sera certainement plus prudent de consulter un vétérinaire.

Pendant la mise bas, les pertes sont abondantes et de couleur vert foncé avec des traces rougeâtres. Elles ont une odeur intense, mais non nauséabonde. Si, au contraire, elles sont jaunâtres, purulentes et malodorantes, elles peuvent être le signe d'une infection de l'utérus qui fait courir un grave danger à la mère et à ses petits.

Ces pertes vert foncé peuvent aussi précéder de quelques heures la naissance du premier chiot. Elles sont dues à l'émission de sang stagnant produit par des hématomes consécutifs au détachement du placenta. Dans les cas où la mise bas se révèle difficile, on peut

Regard résigné. Les chiots ont déjà grandi, mais se montrent toujours exigeants. El. de Casa Reiza de Reichel et Zatelli.

recourir à un vétérinaire qui pratiquera une césarienne sous anesthésie générale. Enfin, vingt-quatre heures après la mise bas, faites examiner votre chienne, surtout si vous constatez une augmentation brutale de sa température.

Assurez-vous également que l'utérus fait l'objet d'un processus régressif normal. En effet, au cours des jours suivants, l'utérus diminue de volume en expulsant membranes et caillots. Si ce phénomène se prolonge ou si vous sentez des odeurs de putréfaction, consultez le vétérinaire.

Au bout de quelques jours, étant donné le grand nombre de chiots mis au monde, la chienne souffre parfois d'une forme de tétanie liée à un manque de calcium, celui-ci s'accumulant dans le lait (éclampsie puerpérale).

Aussitôt après la mise bas, la femelle reste très longtemps sur sa couche et il est souvent difficile de l'en éloigner.

Dans la mesure où son instinct la pousse à défendre sa progéniture, la mère se montre particulièrement agressive vis-à-vis des étrangers et des autres chiens. Il faut alors faire preuve d'une grande vigilance. La chienne allaite ses chiots jusqu'à ce qu'ils soient sevrés, c'est-à-dire pendant quarante à cinquante jours, mais il est possible de l'aider dès le vingtième ou vingt-cinquième jour en apportant aux chiots une alimentation artificielle. Pendant la lactation, il convient de vérifier que les tettes de la chienne ne sont pas douloureuses et qu'elles donnent toutes du lait.

La grossesse nerveuse

Cette pathologie, qui est assez fréquente, n'implique pas forcément d'anomalie. Les symptômes se manifestent dans les deux mois qui suivent les dernières chaleurs et rappellent ceux d'une chienne en gestation : faim, soif, vomissements, agitation et, parfois, gonflement du ventre. La lactation apparaît au stade final et, en l'absence de chiots pour téter, s'accompagne de graves problèmes de mastite. La grossesse nerveuse semble liée à la production de progestérone.

Le choix du chiot

Si vous envisagez d'acheter un chien, réfléchissez bien avant de vous décider : un chien est un être vivant – et non pas un objet ou, pire encore, un jouet – et vous ne pourrez pas vous permettre, une fois l'attrait de la nouveauté passé, de le reléguer dans un coin dans l'espoir de l'y oublier.

Souvenez-vous qu'il s'agit d'un animal dont la vie, plus ou moins longue, comporte des phases

LE CHOIX DU CHIOT

Extrait de Il cane *de Angelo Vecchio, Milan, 1904 : « ... quelle que soit la race vers laquelle vous vous sentez attiré, veillez à ne pas oublier d'accorder votre préférence à un chien de pure race. De même, en effet, qu'un bon chien de chasse transmet son instinct de chasseur et ses capacités olfactives à ses descendants, de la même manière, un chien de garde de pure race transmettra son instinct de surveillance et de défense à sa progéniture. Vous aurez ainsi de bien meilleures chances de réussite... Pour ce qui est de l'âge du chien, à moins d'envisager l'élevage, évitez à tout prix d'acheter un chien adulte pour un travail de garde immédiat. D'une part, il vous sera difficile de gagner toute l'affection du chien ; d'autre part, si vous êtes en présence d'un sujet gâté ou de nature rebelle, il vous sera impossible de le corriger sans recourir à des méthodes violentes. Or, en présence de tels athlètes, ces méthodes sont toujours dangereuses et risquent d'avoir des conséquences funestes. »*

Quel charmant panier ! Ces chiots de trente jours appartiennent à l'élevage de la Rocca Brancaleone de A. Tappi.

– enfance, âge adulte et vieillesse – qu'il convient de respecter.
Vous ne pourrez pas empêcher qu'un chiot fasse ses besoins à la maison, pas plus que vous ne pourrez éviter quelques espiègleries aussi longtemps qu'il ne sera pas capable de distinguer votre chaussure de son os. Le chien adulte, quant à lui, exige que vous lui consacriez un peu de temps pour ses « promenades hygiéniques » tous les jours et par tous les temps. Enfin, selon sa santé, le chien âgé peut avoir besoin d'un plus grand nombre de soins et d'attentions. C'est là le minimum qu'il vous faut considérer.
Voilà pourquoi il convient de décourager fortement quiconque souhaite prendre un chien uniquement pour satisfaire les caprices d'un enfant ou parce que c'est la mode.
Ensuite, lorsque le choix porte sur un Rottweiler, il convient de tenir

compte d'un certain nombre de facteurs. Tout d'abord, étant un chien de taille moyenne, le Rottweiler exige bien sûr un peu plus d'espace

Chiots de vingt jours issus de E. Natan v. Egnerbacherland et de Domitilla, fille de Rambo v. Hennekamp (photo Rebecchi).

qu'un caniche, tant à la maison qu'en voiture (à supposer que vous décidiez de l'emmener en voyage). Il est vrai que son caractère tranquille l'aide à s'adapter facilement à la vie en appartement, mais dans ce cas, vous devrez veiller à ce qu'il puisse se dépenser. Il vous faudra satisfaire son besoin de mouvement et de jeu, mais aussi l'aider dans son développement musculaire ; d'où les longues marches avec le « rott » tenu en laisse, les promenades à bicyclette avec le « rott » qui trottine à vos côtés, les courses dans les champs... Bref, un maître paresseux et sédentaire ne conviendrait guère à ce chien, à moins qu'il ait la chance de posséder une maison et un jardin suffisamment grand où celui-ci pourra se déplacer librement.

Le Rottweiler est un chien qui s'attache énormément à son maître. Il est donc impensable de prétendre le reléguer dans un coin du jardin pour ne s'en souvenir qu'au moment des repas ou pour le plaisir de parader devant les amis.

En revanche, le maître du chien fera bien de lui prodiguer lui-même, dès le départ, tous les soins journaliers nécessaires – depuis le repas jusqu'à la promenade, en passant par le nettoyage de son poil et les rudiments de son éducation – afin qu'il puisse apprendre tout de suite à reconnaître quelles sont ses références.

En général, quiconque choisit un Rottweiler aspire à posséder un chien de garde et de défense. Il faut donc avoir bien en tête ce que cela signifie sur le plan du caractère et de la trempe du chien, sur le risque de réactions agressives, voire de morsures, lorsque les stimuli sont différents des stimuli ordinaires et jugés par lui comme dangereux, sur son attitude de domination innée face à d'autres chiens et à d'autres personnes... Je ne laisserai jamais un Rottweiler en laisse avec un enfant, par exemple au milieu d'étrangers, car il est impossible de

Chiots de vingt jours de l'élevage de l'Ibisco de V. Tassini.

prévoir comment le chien interprétera les actes précis de ces étrangers, comment il réagira aux provocations d'autres chiens ou à la vue de leurs bagarres.

Le caractère du Rottweiler exige, sinon un dressage complet comme pour les sujets qui participeront aux compétitions, du moins une éducation sévère. Il faut en effet que le chien puisse discerner « un chef » en la personne de son maître ; sinon, il aura tendance à assumer lui-même ce rôle et il sera bien difficile, alors, de le faire changer d'avis.

Si vous n'êtes pas un bon éducateur, si vous manquez de fermeté et si vous vous laissez facilement attendrir, le choix d'un Rottweiler n'est peut-être pas le bon. Il arrive de plus en plus souvent que l'on rencontre des sujets prêts à mordre, qu'ils soient agressifs ou au contraire excessivement timides et peureux.

Lorsque ces regrettables manifestations ne peuvent être imputées au patrimoine génétique, c'est aux erreurs d'éducation qu'elles doivent l'être. De fait, elles concernent toujours des sujets qui ont été placés entre de « mauvaises » mains ; soit parce que les personnes ont voulu trop stimuler l'agressivité de leur chien sans avoir été capables de la

Al Pacino, jeune sujet de l'élevage de l'Ibisco (Barry v. Vehnemoor x Pia v. Old Germany).

LES EXPOSITIONS CANINES

Il existe plusieurs types d'expositions canines patronnées par la SCC (Société centrale canine) : des expositions internationales, nationales et régionales ouvertes à toutes les races canines, ainsi que des nationales et régionales d'élevage, organisées par des sociétés spécialisées, qui ne rassemblent que les chiens d'une seule race. Si vous souhaitez fréquenter en spectateur certaines expositions avant de vous décider pour un chien, sachez qu'il existe aussi des manifestations cynophiles à caractère local. Bien qu'elles constituent de sympathiques rencontres pour toutes sortes de chiens, ces manifestations ne présentent aucun intérêt sur le plan cynotechnique. En effet, elles sont ouvertes même aux chiens sans pedigree qui ont très souvent perdu l'essentiel des caractéristiques morphologiques typiques de la race à laquelle ils sont censés appartenir.

LE PEDIGREE

Le pedigree – ou mieux, le certificat d'inscription au LOF (Livre des origines français) – est un document délivré par la SCC, malheureusement ignoré par un grand nombre d'amateurs, qui atteste qu'un chien a des origines connues. Par conséquent, même si ses ancêtres et parents proches sont plus ou moins illustres, vous savez du moins qu'ils appartiennent à une race précise. Pour les passionnés de cynophilie et les spécialistes de la race, en revanche, c'est un document précieux qui rassemble des informations très intéressantes. A mon avis, la valeur intrinsèque d'un pedigree est comparable à celle d'un diplôme universitaire. C'est un document que l'on accrochera peut-être au mur, mais qui atteste d'années d'études, de travail et de sacrifices.

contrôler, soit parce qu'elles se sont montrées trop faibles et n'ont pas su s'imposer comme « chef de meute », laissant le chien assumer lui-même ce rôle.

Ceci dit, même si vous estimez que le Rottweiler est le chien qu'il vous faut et si vous êtes résolu à vous lancer dans cette aventure, il vous reste encore un problème à résoudre : celui du choix du sujet le plus approprié.

A la lumière des problèmes évoqués ci-dessus, on constate qu'il convient de se renseigner à l'avance sur les lignes du sang, sur le caractère des géniteurs ou des frères éventuels issus d'autres portées et de ne pas se fier au hasard en achetant un chiot sans savoir d'où il provient et qui n'a peut-être même pas de pedigree.

Même si vous n'avez pas l'intention de faire de votre chien un grand champion, il me semble important que vous assistiez à quelques épreuves de travail et expositions de beauté. Dans tous les cas, en effet, le contact que vous aurez avec les éleveurs – autrement dit, avec des gens passionnés et expérimentés – vous permettra d'avoir une foule innombrable de conseils sur le sujet qui correspond le mieux à vos exigences.

Même s'il ne remporte pas les compétitions, le fait qu'un éleveur y participe est bien la preuve qu'il possède des sujets sélectionnés et intéressants qu'il n'a pas craint d'exposer. Cela signifie qu'il a su choisir ses reproducteurs et qu'il n'utilise pas de sujets affectés de tares morphologiques ou psychiques. En outre, ce n'est pas quelqu'un qui a besoin d'abandonner un chiot au premier venu pour la simple raison qu'il n'a plus le temps ni l'espace nécessaire pour continuer de suivre une portée. Or c'est là ce qui se passe avec certains particuliers qui, possédant

Etude de tête d'un chiot âgé de deux mois. Elevage de la Rocca Brancaleone de A. Tappi.

Chiot âgé de trente-cinq jours appartenant à l'élevage de Casa Reiza de Reichel et Zatelli.

une femelle, l'ont accouplée avec le mâle le plus proche qu'ils aient trouvé, seulement pour voir combien les chiots qui grandissent sont mignons et amusants.

Lorsqu'on se trouve face à une portée, il n'est pas facile de faire son choix, dès lors que ce n'est pas seulement le côté esthétique du sujet qui compte, mais aussi – chose plus importante encore – son caractère. Là encore, l'éleveur joue un rôle clé. En effet, ayant observé, dès les premiers jours, le développement comportemental de l'ensemble de la nichée, c'est lui qui sera en mesure d'indiquer le sujet le plus apte à vivre dans une famille avec de jeunes enfants, à monter la garde dans une villa ou à participer à des épreuves de travail.

Lors de cette phase délicate, le meilleur moyen d'éviter toute déception ou mauvaise surprise est de ne pas céder à la tendresse pour choisir un chiot plutôt que l'autre. En revanche, le test du comportement mis au point par Campbell permet d'évaluer le degré de domination ou de soumission des chiots et, par conséquent, de repérer le sujet le mieux adapté à telle ou telle exigence.

Otto, chiot âgé de deux mois et Lacky de la Rocca Brancaleone. El. A. Tappi.

Ce test s'articule autour de cinq épreuves auxquelles les chiots doivent être soumis individuellement, c'est-à-dire loin de leurs frères, dans un environnement inconnu et dépourvu d'autres stimuli. Il faudrait que l'examinateur soit le futur acheteur ou du moins une personne étrangère au chiot. Ce ne sera donc ni l'éleveur ni aucune autre personne connue par les chiots et avec laquelle ils peuvent avoir déjà instauré une sorte de hiérarchie.

1. La première phase, qualifiée « d'attraction sociale », sert à déterminer l'aptitude du chiot au rapport avec l'homme : placé seul au centre de l'aire inconnue, plus vite il répondra aux appels de l'examinateur, plus son attraction sociale (ou sa tendance à la socialisation) sera élevée et plus il s'intégrera facilement dans la cellule familiale. En revanche, le sujet qui répond tardivement – ou pas du tout – manifeste une grande indépendance.
2. La deuxième épreuve est « l'aptitude à suivre » : l'examinateur se met à côté du chiot et s'éloigne de lui en marchant. Si le chiot le suit, cela signifie qu'il s'adaptera à la vie en groupe. En revanche, s'il

se montre indifférent, on peut en conclure qu'il sera indépendant.

3. La « réponse à la contrainte » consiste à renverser le chiot sur le dos et à le maintenir dans cette position pendant au moins trente secondes. L'évaluation de la vigueur avec laquelle le sujet se rebelle permettra de découvrir ses instincts de domination ou de soumission.

4. L'épreuve de la « domination sociale » consiste simplement à caresser le chiot de la tête au dos. Le sujet très dominant n'accepte pas ces caresses et cherche à réagir, peut-être même à mordre.

5. « Réaction à la prise dans les bras ». Dans ce cas, l'examinateur soulève le chiot de terre et croise les doigts sous son ventre. Le chiot se retrouve donc placé dans une position précaire qui lui est très peu naturelle et où il ne contrôle plus rien, mais dépend entièrement d'un étranger. Le temps de réaction et la vigueur de celle-ci indiquent le degré de domination ou de soumission du sujet.

Même s'il n'est pas toujours possible de l'appliquer et pas toujours évident de l'interpréter, ce test donne une idée de la manière dont il faut procéder pour choisir un chiot de race qui, comme le Rottweiler, se révèle parfois difficile à dresser. Bref, un chiot qui manifeste une grande indépendance sera un chien qui exige beaucoup de patience et de fermeté en matière d'éducation, autrement dit des maîtres à la fois adultes, calmes et résolus. Un chiot très dominant (qui s'est montré rebelle lors du test de Campbell) sera un chien qui tendra toujours à s'imposer – aussi bien face à ses congénères que face à des êtres humains – et ne supportera pas même les ordres les plus simples qui lui seront adressés dans le cadre de son éducation, dès lors qu'ils n'auront pas été formulés correctement.

Dans le même temps, il faut aussi se méfier d'un chiot trop soumis réagissant avec une grande passivité au test de Campbell (il aurait la queue entre les jambes, s'il en avait une !), car il risque de se transformer, une fois adulte, en chien timide et peureux.

L'élevage

L'arrivée d'un chiot dans une famille est toujours un événement très attendu, même en l'absence de jeunes enfants et même si ce n'est pas la première fois qu'elle fait l'expérience de la vie avec un chien. L'âge idéal pour amener chez soi un chiot se situe entre deux et trois mois. A partir de la quatrième semaine, c'est-à-dire au moment

LA NICHE

Si votre chien doit vivre en plein air, vous ferez bien de lui préparer une niche adaptée qui le préserve des intempéries. Les niches aux formes diverses que vous trouverez dans le commerce sont construites dans des matériaux différents : bois, plastique ou ciment. L'important, c'est que la niche soit suffisamment grande pour lui permettre de se mouvoir aisément, mais juste ce qu'il faut pour éviter qu'elle ne soit trop froide pendant les nuits glaciales de l'hiver (un chien réchauffe en effet l'intérieur de sa niche avec la chaleur de son corps). Il faut en outre qu'elle soit à la fois bien isolée et surélevée par rapport au sol de manière à protéger son occupant de l'humidité.

Si votre chien doit vivre en appartement, aucune précaution particulière n'est requise, sinon celle de protéger vos plus beaux tapis et canapés en vous procurant, par exemple, un matelas de caoutchouc-mousse pour son coin favori. Bien que le Rottweiler soit un chien rustique, il ne dédaigne pas pour autant un minimum de confort.

La vie à la maison est sans nul doute intéressante, mais Leone (Nelson v. Margraflerland x Ether de la Rocca Brancaleone), chiot de cinquante jours, n'a pas encore compris quelle sera sa place ! Propr. A. Tappi.

Ces chiots âgés de vingt-six jours prennent leur première bouillie sans leur mère. Elevage de la Rocca Brancaleone de A. Tappi.

L'enfant et le chien grandissent ensemble. C'est toujours une expérience formidable (photo Reichel).

où les fonctions « psychomotrices » du chiot se mettent en œuvre, le contact avec les frères et les instructions maternelles sont des facteurs clés. C'est la phase « d'imprinting » au cours de laquelle tous les rapports sociaux, positifs ou négatifs, laissent une marque indélébile sur le caractère du chien. Voilà pourquoi il est opportun que le sujet, dans cette phase délicate, reste dans un environnement connu et équilibré, qu'il fasse connaissance avec le monde qui l'entoure en dehors de tout traumatisme, en compagnie de ses frères et en réfé-

LA CROISSANCE

D'une manière générale, toutes les races canines achèvent leur développement osseux et atteignent leur taille définitive vers l'âge d'un an. Cela ne signifie pas pour autant que leur croissance – ou mieux, leur développement – soit terminé. En effet, c'est au cours d'une phase ultérieure que se parachève leur structure, avec l'agrandissement des diamètres transversaux, du poitrail et du thorax et le développement de la masse musculaire. Le Rottweiler est un chien relativement peu précoce, qui atteint sa taille définitive vers l'âge de trois ans, voire de quatre ans, dans le cas de certains sujets.

Diva dell'Ibisco, jeune femelle sympathique, fille de Jock et de Anita de l'Ibisco. Elevage V. Tassini.

Birba del Cavaliere Nero est une jeune femelle âgée de quatorze mois. El. Y. Richard. Propr. A. Tappi.

rence à sa mère. C'est aussi la période au cours de laquelle il doit apprendre à tisser des relations avec l'homme à travers la (ou les) personne(s) qu'il a vue(s) à partir du moment où ses yeux ont commencé à voir quelque chose. Il doit trouver sa place au sein d'une hiérarchie comme celle qu'il instaure avec ses frères sur la base de l'évolution des différents caractères.

Le fait de couper trop vite un chiot de son environnement revient à le priver de la possibilité d'apprendre ces choses, ce qui risque de se traduire par des troubles graves du comportement qui réapparaîtront un peu plus tard et poseront des problèmes à l'âge adulte.

Il importe que le chiot, à son arrivée dans une nouvelle maison, trouve immédiatement les éléments qui le sécurisent – niche, bouillie et jouets – mais surtout, qu'il ne se sente pas isolé. Il n'a encore jamais été seul et il lui faudra un peu de temps pour qu'il s'habitue à passer quelques heures de la journée sans aucune compagnie. Cependant, son maître, qui devra devenir sa référence et son chef, devra à tout prix éviter qu'il se sente abandonné tandis

Lacky della Rocca Brancaleone (Ch. It. Saton x Birba del Cavaliere Nero), chiot de quatre mois. El. et propr. A. Tappi.

qu'ils apprennent tous deux à se connaître et à se faire confiance.
Evidemment, à la base d'une croissance correcte, il y a toujours une alimentation correcte. De nos jours, il est impensable de nourrir un chien avec les restes de nos repas comme on le faisait autrefois. Grâce à la publicité vue à la télévision et dans les journaux, grâce aussi à la grande diffusion des revues spécialisées circulant dans les milieux cynophiles, nous savons tous qu'il existe toutes sortes d'aliments pour chiens. La croissance d'un chiot de race de grande taille exige une alimentation soignée et très équilibrée, recommandée par l'éleveur ou le vétérinaire.
Un chiot de deux ou trois mois a besoin d'au moins quatre repas par jour. Ces repas doivent être riches en substances nutritives, mais pas trop lourds, de manière à faciliter la digestion et l'assimilation. Vous

Ego dell'Ibisco (Barry v. Vehnemoor x *Ondra v. Old Germany), à l'âge de deux mois. El. V. Tassini.*

ne pourrez donc pas donner de grandes quantités de pain sec à votre chien sous prétexte que vous n'avez pas eu le temps de penser à son repas. Une alimentation comportant des carences pose de graves problèmes de croissance chez les chiens de grande taille. Or plus ces problèmes apparaissent rapidement, plus il sera difficile de les résoudre.

Dans le même temps, il ne suffit pas, pour élever un chiot, de le nourrir correctement ni de l'éduquer au jeu et aux règles de la cohabitation avec l'homme. Il faut aussi s'occuper de sa santé et de son hygiène.

Le vétérinaire de confiance se chargera ainsi de prévoir un calendrier des vaccinations adéquat sur la base des interventions prophylactiques auxquelles le chiot aura été soumis avant son achat. Les examens des selles sont très utiles pour découvrir les vers susceptibles de vivre en parasites dans l'intestin de notre ami et d'avoir une influence négative sur sa croissance. Dans certains cas, il peut être utile de procéder également à des bilans sanguins pour identifier d'éventuels déséquilibres en matière de calcium et de phosphore risquant d'entraîner une croissance anormale des os (rachitisme).

Le poil du Rottweiler ne nécessite pas de toilettage. Toutefois, des brossages énergiques, auxquels il sera bon de l'habituer dès son plus jeune âge, permettront de le débarrasser de toutes les saletés qu'il aura pu accumuler au cours d'une promenade à la campagne. De plus, ils contribueront au renouvellement de son poil pendant les périodes de mue, puisqu'ils faciliteront la chute du sous-poil laineux au printemps, celui-ci étant plus long et plus gênant pour les sujets qui vivent en appartement. En revanche, il n'est absolument pas nécessaire de procéder à des bains fréquents.

Les premiers jours de cohabitation sont très importants pour la découverte de l'autre. Il vous faudra ainsi comprendre et interpréter la personnalité du chiot à travers ses réactions et comportements. Il vous faudra également apprendre à vous adapter à ses exigences tout en gardant à l'esprit que le chien n'est ni un robot que vous pourrez programmer avec précision en fonction de vos désirs, ni l'un de vos semblables, autrement dit quelqu'un capable de raisonner et de se comporter comme vous en toute situation. Ce sera à vous – êtres intelligents – en vous appuyant notamment sur les conseils d'éleveurs et d'autres spécialistes, de trouver le bon moyen de vous faire comprendre de votre chien.

Vous veillerez en ce sens à lui donner dès le début une éducation ferme, mais non coercitive. Lorsqu'il s'avère nécessaire de reprendre le chiot pour une espièglerie, vous ferez attention au ton de votre voix. Celui-ci devra être bas et sévère, mais exempt de toute trace de nervosité ou de colère. Si le chiot a fait

Ce chiot de cinq mois nommé Gil della Rocca Brancaleone présente déjà plusieurs qualités de la race, tant dans sa morphologie que dans son expression empreinte d'attention et de vivacité. El. et propr. A. Tappi.

une grosse bêtise, mieux vaut alors le soulever par la nuque, exactement comme le ferait sa mère, tout en lui parlant durement, plutôt que de lui assener un coup qu'il ne saurait pas interpréter. La violence risquerait soit de troubler et de rendre craintif et peu sûr de lui un sujet déjà faible et soumis, soit de stimuler des réactions agressives et des tendances à mordre chez un sujet dominant.

Belle expression de Ugo dell'Ibisco (Jock x Pia v. Old Germany). El. V. Tassini.

La récompense – il peut s'agir de caresses ou de friandises – joue un rôle clé dans l'éducation du chiot qui se comporte bien et obéit rapidement à l'ordre qui lui a été donné. Toutefois, il n'est pas toujours aisé de faire faire à un chien tout ce que l'on désire, par exemple en prévision d'un dressage au travail. L'instauration d'un

Fritz v. Schweiger Wappen (Hassan v. Königsgarten x *Vicky v. Schweiger Wappen) à l'âge de huit mois. El. Meixner. Propr. C. Bertolini.*

rapport ludique dès les premiers mois de vie commune rendra plus immédiate la réponse du sujet à ce que son maître lui demandera de faire. Sachant que le chiot aime d'ordinaire jouer à la balle, il trouvera sans aucun doute son maître plus amusant s'il joue avec lui, aura davantage confiance dans ce qu'il lui fait faire et trouvera un

Expression amusante d'un jeune sujet, nommé Joker, de l'élevage du Cavaliere Nero de Y. Richard.

plus grand intérêt dans les « jeux » qu'il lui proposera lorsqu'il sera grand.
Il importe que le maître ou les autres membres de la famille dans laquelle le chien est accueilli puissent exercer un contrôle sur lui à tout moment en lui mettant les mains dans la bouche ou en touchant son écuelle (voire son os) pendant qu'il mange. A force de patience, vous le convaincrez dès son plus jeune âge que rien de mauvais ne peut lui arriver de la

part des membres du clan. Il saura que s'ils jouent avec son os, ils finiront tout de même par le lui laisser, qu'ils ne font que le caresser doucement tandis qu'il mange – ou même, dans le cas de sujets plus rebelles – qu'ils lui donnent simplement à manger de leur main. Plus un sujet est dominant, plus il vous faudra de patience et de fermeté pour atteindre ce but ; mais il est nécessaire que ce but soit finalement atteint, si vous voulez partager votre vie avec un chien digne de votre confiance et toujours sûr de lui.

Il est vrai qu'un chien adulte, en bonne santé et bien éduqué, peut être très facile à élever. N'oubliez cependant jamais qu'il n'est pas un objet, mais un animal, à savoir un être qui partage sa vie avec vous et qui a besoin d'espace et d'attention tous les jours. Voilà pourquoi il est impensable de chercher à s'en défaire et à lui trouver un nouveau maître simplement parce que l'on n'a plus envie de lui faire faire ses promenades quotidiennes, parce qu'il perd son poil si bien que la maison n'est pas parfaitement propre ou parce que l'on ne sait pas où le mettre au moment de partir en vacances. Sachez également qu'il peut tomber malade ou être victime d'accidents et exiger ainsi de plus grandes attentions que d'ordinaire. Sachez enfin que les risques de la maladie augmentent avec l'âge et qu'un vieux chien n'est plus ce compagnon joyeux et débordant de vie que vous avez présent à l'esprit et qui était toujours à vos côtés, mais un paresseux toujours désireux de dormir. L'œuvre du temps se fait sentir et il est même possible qu'un peu d'artériosclérose le rende bougon. Cela n'empêche pas qu'il demeure votre grand ami et vous devez être prêt à accepter sereinement, dès le jour où il entre chez vous en tant que chiot, même ces moments moins agréables de son existence.

L'alimentation

par le Pr L. Guidobono Cavalchini
et le Dr C. Cristofalo

Comme tous les autres animaux, le chien a besoin d'un apport nutritif constant et d'une alimentation correcte.

Chez le chien, cependant, la mastication est très limitée et la déglutition très rapide. L'aliment, surtout s'il est solide, reste longtemps dans l'estomac (trois à douze heures) où il est transformé en bouillie avant de passer dans l'intestin où se fait l'assimilation. Les substances nutritives sont transportées par le sang vers les différents tissus qui ont besoin d'être nourris. En raison de ses caractéristiques, l'appareil digestif du chien permet la prise de repas abondants et très espacés, car l'estomac se vide lentement.

Les aliments administrés au chien se présenteront sous la forme de petits morceaux grossiers plutôt que d'aliments hachés. Les chiens sont des animaux carnivores, mais un long processus d'adaptation et de cohabitation avec l'homme les a conduits à consommer aussi des produits d'origine non animale. Dans tous les cas, ils ont besoin d'un régime concentré à valeur nutritive élevée, mais variable selon la race, l'âge et l'état physiologique de l'animal (entretien, croissance, reproduction, lactation) ou le climat.

Pour obtenir les meilleurs résultats, vous veillerez à fournir à votre Rottweiler les quantités adéquates de principes nutritifs : protéines, glucides et lipides, mais aussi vitamines et sels minéraux. Vous veillerez à lui apporter une alimentation bien équilibrée, où les divers principes nutritifs seront présents en quantités suffisantes. Une alimentation optimale est en effet indispensable pour maintenir votre chien en bonne santé, ni trop gros ni trop maigre, mais avec un beau poil. Cette exigence est encore plus forte dans la phase de croissance du chiot, car elle requiert une attention et des soins particuliers. En ce sens, il est nécessaire que quiconque cherche à bien nourrir son chien connaisse la valeur biologique des différents principes nutritifs et les sources possibles d'apport alimentaire.

FRÉQUENCE DES REPAS QUOTIDIENS

mois	*1-3*	*4-7*	*8-18*	*18*
repas	*4*	*3*	*2*	*1*

Au cours du second mois de gestation et pendant la lactation, les femelles prendront deux ou trois repas.

LE CHIEN OBÈSE

Observez les dépôts de graisse que votre chien présente au garrot, sur la croupe et sur le flanc pour déterminer s'il est gros.
Pesez-le régulièrement et notez son poids.
Eliminez systématiquement les en-cas et les restes.
Résistez aux regards suppliants.
Nourrissez votre chien avec des aliments spéciaux hypocaloriques, mais bien équilibrés, c'est-à-dire contenant la teneur adéquate en protéines et additionnés de la quantité nécessaire de vitamines et de sels minéraux.
Donnez-lui des repas contenant suffisamment d'eau et de fibres.
Laissez-lui quelques os synthétiques à mordiller. Assurez-vous qu'il ne souffre pas de pathologies dues à des dysfonctionnements hormonaux et métaboliques.
Faites-lui faire davantage d'exercice.

L'énergie

Le corps a besoin d'énergie même pendant les moments de repos. Les principes nutritifs sont transportés dans les différentes cellules de l'organisme et, en présence d'oxygène, y sont transformés en énergie. Ce processus de transformation s'accompagne en particulier d'une production de chaleur qui permet au chien de maintenir constante la température de son corps. Plus l'activité d'un animal est intense, plus la quantité de nourriture à transformer en énergie doit être élevée. Les chiots ont des exigences presque trois fois supérieures à celles des adultes. La valeur énergétique d'un aliment s'exprime habituellement en énergie métabolisable (EM) et est généralement mesurée en kilocalories (kcal) ou en kilojou-

Les portées de la femelle Rottweiler peuvent parfois être nombreuses. Chiots âgés d'une trentaine de jours. El. de l'Ibisco de V. Tassini.

les (kj). Les lipides fournissent un apport énergétique qui équivaut environ au double de celui des sucres et des protéines.
Sachant qu'un surplus d'énergie est en général emmagasiné dans le corps sous forme de graisses, il vous sera utile de peser votre chien à intervalles réguliers et de noter son poids, afin de vérifier s'il évolue normalement.

Les principes nutritifs

Les glucides ou hydrates de carbone : ils représentent la source d'énergie nécessaire au travail musculaire et aux diverses activités du corps. Certains ont une structure simple (fructose, lactose, etc.), tandis que d'autres, comme l'amidon, ont une structure plus complexe. Tant chez l'adulte que chez le chiot, un excès de saccharose peut ne pas être bien toléré et provoquer des diarrhées par suite de la présence trop infime, dans l'intestin du chien, de l'enzyme spécifique (invertase) devant permettre son assimilation. De même, il arrive que le chien adulte digère mal le lait parce qu'il manque de lactase.
Parmi les aliments du chien, l'*amidon* est l'hydrate de carbone le plus important. Il est largement présent dans les céréales comme le froment (pain), le maïs (polenta, etc.), le riz...
Pour pouvoir être digéré par le chien, l'amidon doit être bien cuit ou subir d'autres traitements physiques.
Contenues dans un grand nombre de végétaux, les fibres ne sont pas digérées par le chien. Aussi, plus la teneur en fibres brutes est élevée, plus la valeur énergétique de l'ali-

ment est faible. Toutefois, la présence dans le régime d'une petite quantité de fibres peut se révéler utile, surtout chez les sujets âgés ou sédentaires, car elle contribue au maintien d'un poids optimal et d'un transit intestinal régulier.

Les lipides ou graisses : en tant que constituants des cellules, ces éléments représentent une source alimentaire indispensable. Ils fournissent de l'énergie et donc aussi de la chaleur. Ceux que l'on trouve dans l'organisme sous forme de réserves adipeuses (sous-cutanées, autour des viscères, intramusculaires) jouent le rôle de réserves d'énergie dans lesquelles l'organisme vient puiser lorsque l'apport alimentaire est insuffisant. De plus, ils agissent en qualité d'isolant thermique.

Certains lipides remplissent des fonctions importantes en tant que constituants des membranes cellulaires (phospholipides, glycolipides) et biorégulateurs (cholestérol, hormones, vitamines liposolubles, sécrétions biliaires). On les distingue selon qu'ils sont d'origine végétale (huiles) ou animale (lard, saindoux, etc.). Présents dans tous les aliments, ils sont indispensables à votre chien.

Les protéines : intervenant dans la construction de l'organisme et le renouvellement des cellules, elles ont une fonction plastique essentielle dans la formation, le maintien et la reconstitution des muscles, des os et des organes internes. Le chiot en pleine croissance en a particulièrement besoin.

Elles peuvent être d'origine animale, comme celles que l'on trouve dans la viande, le lait, le poisson et les œufs ou d'origine végétale comme celles que l'on trouve dans le soja, les petits pois, les haricots...

La valeur biologique des protéines et leur utilisation dépendent du rapport existant entre les différents *acides aminés*. Or, dans la mesure où ceux-ci ne peuvent être emmagasinés, ils doivent être administrés au chien par le biais de sa ration journalière.

Les sels minéraux : selon les quantités présentes dans l'organisme, on parle d'*éléments inorganiques* (calcium, phosphore, soufre, sodium, chlore, potassium, magnésium) ou d'*oligo-éléments* (fer, cuivre, zinc, manganèse, iode, sélénium, cobalt, molybdène).

Ces constituants essentiels des tissus de l'organisme jouent un rôle plastique et biorégulateur, car ils participent à de nombreux processus biochimiques et remplissent des fonctions vitales comme le maintien de la pression osmotique et de l'équilibre acido-basique du corps, la contraction musculaire, la transmission des influx nerveux, l'élaboration de certaines enzymes et hormones.

Dans la mesure où ils participent à la formation du squelette, ils jouent aussi un rôle déterminant dans la croissance de l'animal.

Ils sont présents dans la farine d'os,

le lait, le fromage, le poisson, la viande et dans de nombreux végétaux.

Il est indispensable de compléter la ration du chien par l'adjonction de sels minéraux et de conserver un rapport correct entre certains d'entre eux (calcium-phosphore, fer-cuivre, par exemple).

Les vitamines : on distingue les vitamines *liposolubles* (A, D, E, K) et les vitamines *hydrosolubles* (B1, B2, B5 ou acide pantothénique, PP ou acide nicotinique, B6, acide folique, H ou biotine, B12 ou cyanocobalamine, choline, C). Présentes en quantités infimes, elles interviennent dans de nombreux processus organiques essentiels. Dans ce domaine, les carences, comme les excès, risquent de provoquer de graves déséquilibres et dysfonctionnements et, en tout cas, de poser de graves problèmes.

Les vitamines sont généralement produites par les végétaux. On les trouve dans le foie, les œufs, les germes de céréales, le levain, les huiles végétales et animales. Sachant qu'elles peuvent être aisément détruites par la lumière et la chaleur, il vous faudra toujours les

Lesly della Rocca Brancaleone (Saton x Birba del Cavaliere Nero) est un jeune sujet prometteur. El. et propr. A. Tappi.

Fulko v. Alemanehof (Dasko v. Schloss Hausforst x Berit v. Alemanehof) (photo Reichel).

ajouter à la ration tiède – et non pas bouillante – de votre chien. Enfin, soyez également attentif à la composition des aliments que vous utilisez (elle est précisée sur l'étiquette), car les aliments déjà prêts contiennent souvent des vitamines, ce qui pourrait conduire à de dangereux excès.

Les aliments

La viande : ce peut être de la viande de bovin, de poule ou tout autre viande. Selon sa qualité, elle peut être administrée crue ou ébouillantée. Toutefois, la viande de porc doit toujours être cuite. Le contenu protéique et calorique de la viande varie en fonction de la quantité d'os et de graisse qu'elle contient. Plus il y a de muscles, plus sa digestibilité et sa valeur biologique seront élevées ; en revanche, plus il y aura de tendons, de cartilages et de tissu conjonctif, plus elles seront faibles. Les chiens digèrent également la viande en cours de putréfaction grâce à la quantité élevée de sucs gastriques qu'ils sont capables de produire.

Les abats : constitués de viscères tels que le cœur, le foie, les tripes ou la rate, ils sont en général très appréciés des chiens. Bien que leur contenu protéique soit inférieur à celui du muscle, ce sont d'excellents aliments, en particulier pour les chiots et pendant la période de croissance. Il est recommandé de les administrer après cuisson.

LA VIANDE DOIT ÊTRE CUITE

La viande crue est plus facile à digérer, mais il est préférable de la faire bouillir lorsqu'elle n'est pas suffisamment fraîche ou de bonne qualité. Il ne faut jamais la laisser cuire longtemps. La viande de porc doit toujours être cuite pour éviter les risques d'infection (maladie d'Aujezsky et trichinose).

Le poisson : il est plus apprécié du chien s'il est cuit. C'est un excellent aliment : d'une part, il contient des protéines digestes à valeur biologique élevée et, d'autre part, il est riche en vitamines et en sels minéraux. Il est donc particulièrement recommandé pendant la période de croissance de votre chien. Le poisson séché convient très bien également, surtout en hiver.

Les œufs : riches en lipides, en vitamines et en protéines à valeur biologique élevée, ils sont excellents. Ils sont donc particulièrement indiqués pour les chiots, les reproducteurs et les chiennes en lactation. Ils peuvent remplacer en partie la viande et le poisson. Le jaune peut être administré cru.

Le lait : riche en lipides, en vitamines, en sels minéraux et en protéines à valeur biologique élevée, c'est un aliment excellent. Il doit d'ailleurs être à la base de l'alimentation du chiot. Le chien adulte le digère souvent mal en raison d'un manque de lactase (l'enzyme permettant la digestion du lactose).

Le lard, les graisses et les huiles végétales : ces produits constituent d'excellentes sources caloriques ; ils sont d'ailleurs très appréciés des chiens qui ont tendance à en manger plus que nécessaire. Ils sont utiles aux chiens qui accomplissent des efforts physiques et sont toujours nécessaires à certaines doses. La ration de votre chien gagnera à être additionnée d'un peu d'huile végétale et notamment d'huile d'olive.

Le riz et les pâtes : très riches en amidon, ces produits comptent parmi les principales sources calo-

Saton, Ch. It. de beauté et Ch. Repr. Propr. A. Tappi.

LES OS

Les chiens les adorent, surtout lorsqu'ils peuvent bien les mordiller. Sachez toutefois que les os peuvent être à l'origine de phénomènes de constipation et même d'occlusions intestinales, surtout chez les sujets âgés et sédentaires, que les éclats d'os peuvent causer des perforations de l'intestin et que certains os, tels ceux de poulet ou de lapin, sont à éviter systématiquement.

LES SUCRERIES

Sachant que les chiens sont des animaux gourmands, il vous sera difficile de manger un chocolat sans en céder un petit morceau. Mais n'exagérez pas ! Le chien, qui ne digère généralement pas bien le chocolat, risque en effet de légères indispositions. Du reste, vous trouverez dans le commerce des biscuits qui devraient faire l'affaire, à condition, là encore, de ne pas en abuser.

riques. Ils doivent être bien cuits.
Le pain sec : c'est un excellent aliment énergétique dont le chien se montre en général très friand. Il doit être bien sec et conservé à l'air ; s'il est moisi, il risque de nuire à la santé de votre chien.
Les flocons de céréales et le riz soufflé : ces aliments énergétiques peuvent remplacer le riz, les pâtes et le pain, mais doivent auparavant subir un traitement adéquat, afin de pouvoir être bien digérés par le chien. Dans la mesure où il s'agit d'aliments volumineux, vous tiendrez compte de leur poids – et non de leur volume – dans la préparation de la ration de votre chien.
Les légumes et les fruits : leur apport nutritif est faible, mais leur teneur en fibres brutes peut être utile aux chiens sédentaires qui ont tendance à devenir obèses ou qui souffrent de constipation. Ils peuvent être remplacés par quelques cuillerées de son.
L'eau : votre chien doit toujours en avoir à sa disposition.

MENDIER À TABLE

Le fait qu'un chien mendie à table est une mauvaise habitude liée au « bon cœur » de son maître, puisque cela signifie qu'il lui a accordé de temps en temps quelques bons petits morceaux. Ne donnez jamais à manger à votre chien, ni lorsque vous êtes à table, ni lorsque vous préparez vos repas. Faites-le manger avant vous et, si nécessaire, ne le laissez pas assister à vos repas.

ATTENTION AUX EXCÈS ALIMENTAIRES !

Il existe dans le commerce différents produits spécialement conçus pour être appétissants. Or, tout excès alimentaire aura des répercussions négatives sur la santé de votre chien. Il vous faut donc les éviter.
Ne lui donnez pas trop de protéines, de lipides ou de vitamines. Surveillez les risques d'accumulations, en particulier s'il s'agit de vitamines et de sels minéraux.
Pour connaître les substances contenues dans les divers aliments, apprenez à lire les étiquettes.

Les aliments tout prêts

Sachant qu'il existe dans le commerce une vaste gamme de ces produits, vous ferez bien d'apprendre à en reconnaître les différents types, afin de les utiliser le mieux possible. Une lecture attentive de l'étiquette figurant sur chaque produit pourra ainsi vous donner des indications utiles. On distingue en particulier :
les aliments simples : il s'agit de différents produits d'origine ani-

QUELQUES EXEMPLES DE MENUS

Les doses varieront suivant l'activité du chien. L'emploi éventuel de restes ne devra pas enfreindre les règles fondamentales de l'alimentation.

Viande fraîche de bœuf, de poulet ou de dinde ébouillantée
Pain bien sec ou biscotte
Un peu d'huile d'olive
Bouillon chaud
Complexe minéro-vitaminé

Viande congelée
Riz ou pâtes bien cuites
Légumes variés
Un peu d'huile d'olive
Complexe minéro-vitaminé

Viande congelée
Flocons de céréales mixtes ou riz soufflé
Une cuillerée de son
Eau chaude
(En général, le complexe minéro-vitaminé est déjà présent)

Aliment complet sous forme de croquettes ou de cubes
(Administrer suivant les indications de l'étiquette)
Aliment complet en flocons à tremper dans de l'eau chaude, du bouillon ou du lait
(Administrer suivant les indications de l'étiquette)

male ou végétale (riz soufflé, par exemple) ;
***les aliments complets* :** composés de plusieurs produits capables de satisfaire les exigences nutritives de votre chien sans aucun ajout ;
***les aliments complémentaires* :** mélanges d'aliments présentant certaines substances en quantités élevées (protéines ou sels minéraux, par exemple), mais devant être associés à d'autres aliments pour pouvoir satisfaire les exigences nutritives du chien. La qualité d'un aliment dépend des matières premières employées, de sa composition, des traitements chimiques subis, de la forme sous laquelle il se présente (flocons, granulés, boulettes, biscuits...) et de son mode de conservation.
L'étiquette signale : les dates de fabrication et de péremption, le mode d'emploi, les ingrédients (indiqués par ordre décroissant de quantité ou en pourcentage), la teneur en éléments nutritifs (eau, protéines, matières grasses, cellulose – chiffres bruts), etc. Elle doit enfin préciser la quantité de vitamines et de minéraux à additionner par kilogramme d'aliment.
Les aliments prêts à consommer permettent d'établir des rations en fonction des besoins réels du chien, en dosant correctement les protéines par rapport aux glucides et en lui fournissant la quantité voulue de vitamines et de sels minéraux, ce qui n'est pas toujours le cas lorsqu'on prépare soi-même ses repas.

Noris v. Grutenblick au cours de deux phases d'attaque lancée (photo Rebecchi).

Le contenu analytique d'aliments composés complets pour chiens adultes doit présenter les caractéristiques suivantes :
– humidité maximale : 13 % ;
– protides (chiffre brut) : 22-25 % ;
– lipides (chiffre brut) : 4-8 %.

L'alimentation du chiot

Vers le vingt-cinquième jour, on peut commencer à compléter l'alimentation de la mère avec quelques repas à base de lait et de jaune d'œuf à raison d'un jaune pour 100 ml. Le sevrage ne doit pas avoir lieu avant le trentième jour. Un sevrage précoce fatigue moins la mère et se révèle utile lorsque les portées sont nombreuses. Les chiots sont séparés de leur mère pendant des périodes de plus en plus longues et, entre quarante-cinq et cinquante-cinq jours, ils doivent être définitivement sevrés.
Au cours des premières semaines, vous ajouterez au lait de vache un peu de viande passée au mixer ou finement hachée qui peut être aussi remplacée par des aliments homogénéisés. Vous pouvez ensuite passer à une alimentation plus sèche constituée de viande et/ou de poisson de bonne qualité ; riz bien cuit et/ou flocons de céréales ; lait ; un peu d'huile ; vitamines et sels minéraux.
Le lait, la viande et le poisson doivent être administrés au chiot en quantités plus importantes que les céréales et constituer 80 % de la ration à quarante jours et 60 % à deux mois. La dose de céréales doit être progressivement augmentée. La viande doit être administrée crue, si elle est de bonne qualité, mais il est préférable de l'ébouillanter.
On peut donner des biscottes et du lait au chiot une fois par jour. Pendant toute la période de croissance du chiot, donnez-lui un jaune d'œuf cru trois ou quatre fois par semaine et du fromage pour remplacer en partie la viande. Le complexe minéro-vitaminé doit contenir assez de calcium et de phosphore.

• *Laissez toujours de l'eau fraîche à la disposition de votre chien.*
• *Ne laissez pas traîner les restes d'aliments.*

La santé et l'hygiène

par le Pr L. Guidobono Cavalchini
et le Dr C. Cristofalo

Lorsque vous achetez un chien ou lorsque celui-ci vous est offert en cadeau, votre première réaction, qu'il s'agisse d'un chiot ou d'un sujet adulte, est de le choyer et de lui prouver par tous les moyens votre affection. Sachez cependant que vous devenez du même coup responsable également de son état de santé.

Les maladies et les dangers pesant sur la santé d'un chien sont multiples et le risque est grand de vouloir se substituer au vétérinaire de manière empirique, hâtive et surtout erronée.

Or, de même que chaque famille a son médecin de confiance, il faudra que le vétérinaire devienne pour vous le spécialiste de référence, celui qui pourra suivre votre chien par des vaccinations régulières et des interventions opportunes en cas de maladie. Il est fondamental que vous ayez avec lui une relation de confiance si vous voulez avoir toujours de bons diagnostics et des traitements adaptés. En son absence, dans les cas d'extrême urgence, vous pourrez vous adresser aux postes de secours qui peuvent intervenir même la nuit.

Aujourd'hui, chez les vétérinaires comme chez les médecins, il existe des généralistes et des spécialistes officiellement reconnus. Certains d'entre eux possèdent une expérience dans des branches spécifiques : cardiologie, ophtalmologie, traumatologie, homéopathie, oncologie, etc. Il est néanmoins préférable que votre vétérinaire indique lui-même, à chaque fois, le spécialiste à consulter.

De toute façon, c'est vous qui passerez le plus de temps avec ce nouveau compagnon à quatre pattes. C'est donc vous qui devrez l'observer attentivement au cours des moments clés de la journée : repas, promena-

LE CHIEN EN BONNE SANTÉ

Ce qu'il faut observer	*Comment il doit être*
comportement	attentif, vif, équilibré
appétit	correct ou bon
mouvement	coordonné, fluide, souple
sommeil	régulier, sans excès

LES SYMPTOMES DE MALADIES GRAVES

- *Respiration et battements de cœur ralentis, accélérés, arythmiques, superficiels*
- *Température corporelle basse (hypothermie), élevée (fièvre)*
- *Méléna (présence de sang dans les selles)*
- *Hématurie (présence de sang dans les urines)*
- *Hématémèse (vomissement hémorragique)*
- *Rhinorragie (écoulement de sang par le nez)*

de, jeu, sommeil. Vous devez chercher à discerner les éventuelles modifications du comportement de votre chien, car elles vous mettront en garde et vous aideront à détecter une mauvaise condition physique. Dans un certain sens, vous pouvez considérer un chien comme un nouveau-né, c'est-à-dire comme un être privé de la possibilité d'exprimer verbalement ses sensations et qui le fait uniquement à travers des comportements et des émissions sonores spécifiques. Voyons à présent à quels symptômes généraux il convient de prêter attention, sachant que, s'ils se prolongent, il faudra consulter un vétérinaire.

LES SYMPTOMES GÉNÉRAUX D'UNE MAUVAISE CONDITION PHYSIQUE

- Apathie
- Abattement
- Refus du jeu
- Manque d'appétit (anorexie)
- Vomissements et/ou diarrhées persistants
- Ecoulement nasal et conjonctival
- Soif et/ou faim injustifiées
- Perte de poids évidente
- Poil d'aspect opaque

PARAMÈTRES PHYSIOLOGIQUES DE RÉFERÉNCE

paramètres	*chiot*	*sujet adulte*
température corporelle	38-39 °C	37,5-38,5 °C
fréquence respiratoire[1]*	20-22	14-20
pulsations cardiaques*	100-130	60-120

[1] En présence d'une température extérieure élevée, la fréquence respiratoire augmente
** par minute*

Il est aberrant de penser connaître l'ensemble des symptômes et des maladies du chien au point de se croire en mesure de les soigner soi-même. Il est en revanche indispensable de savoir quand la situation exige une intervention rapide du vétérinaire. Certains symptômes sont en effet la traduction de pathologies graves. En ce sens, il peut être utile de connaître certains paramètres physiologiques de référence pour évaluer l'état de santé d'un chien. Celui-ci, rappelons-le, doit toujours

COMMENT MESURER...

... la température
Parmi les propriétaires de chiens, nombreux sont ceux qui suspectent une augmentation de température d'après l'observation de la truffe (l'extrémité du nez) de l'animal : si elle n'est ni humide ni fraîche, ils concluent à de la fièvre. Or ce n'est pas forcément le cas. Il est toujours préférable de prendre la température rectale de l'animal en utilisant un thermomètre de vétérinaire ou de pédiatre préalablement enduit d'huile ou de vaseline. Pour cela, il faut soulever la queue du chien et, sans cesser de tenir celui-ci, introduire délicatement le thermomètre (sur une profondeur de 2 ou 3 cm), puis attendre environ trois minutes.

... les pulsations cardiaques
Vous pouvez poser directement votre oreille sur la poitrine de votre chien pour écouter les battements de son cœur. Vous pouvez aussi relever les pulsations de son artère fémorale en appuyant simultanément avec le pouce sur la face externe de sa cuisse et avec l'index et le majeur sur la face interne de celle-ci. L'artère étant ainsi délicatement comprimée contre le fémur, vous pourrez bien percevoir le pouls de l'animal.

... la fréquence respiratoire
D'après le nombre de mouvements respiratoires de la poitrine de votre chien par minute, calculez le rythme et l'ampleur de sa respiration.

être observé en situation de repos. En effet, l'effort physique et le jeu peuvent entraîner une accélération de la respiration et des pulsations cardiaques, tout comme ils peuvent faire grimper la température, sans qu'il y ait pour autant un état pathologique.

Les maladies du chien

Le chien peut être affecté de différentes maladies dont beaucoup, mais pas toutes, sont d'origine infectieuse.

QUELQUES EXEMPLES DE MALADIES ORGANIQUES

maladie	***organe affecté***	***maladie***	***organe affecté***
otite	oreille	cystite	vessie
stomatite	bouche	prostatite	prostate
bronchite	bronches	myosite	muscles
endométrite	utérus	névrite	nerfs
néphrite	reins		

LES PRINCIPALES MALADIES INFECTIEUSES

maladie	***étiologie***	***transmission***	***prophylaxie***
maladie de Carré	pseudomyxovirus plus bactéries	directe - indirecte, très contagieuse	vaccinations
hépatite virale ou infectieuse	adénovirus	contact direct contagieuse	vaccinations
herpès	herpès virus	intra-utérine, contact direct	vaccinations
parvovirose	parvovirus, très résistant	très contagieuse	vaccinations
toux de chenil	adénovirus	très contagieuse	vaccinations
rage	rhabdovirus	contagion par morsure	vaccinations
leptospirose	leptospire (plusieurs)	contagion orale	vaccinations

Les maladies organiques

Ce sont celles qui frappent un organe spécifique ou une partie de cet organe. Leurs causes peuvent varier, tout comme leur évolution. Elles ne sont pas toujours contagieuses. Leur issue dépend de la gravité des symptômes.

Les maladies infectieuses

D'origine virale et bactérienne, elles frappent en général plusieurs organes. Elles sont contagieuses et souvent mortelles. Le processus de guérison est subordonné à la gravité des symptômes et à la réaction immunitaire du chien. La vaccination permet de les éviter.

La maladie de Carré : elle frappe le chien à tout âge ; la période d'incubation dure de trois à sept jours. Le chien malade peut présenter les symptômes suivants : sécrétions nasales et oculaires mucopurulentes ; conjonctivite avec photophobie ; toux à complications pulmonaires pouvant aller jusqu'à la broncho-pneumonie ; gastro-entérite ; forte fièvre (41 °C) – au premier stade de la maladie – suivie d'une température à peu près normale. Le système nerveux peut être atteint de façon irréversible (paralysie de l'arrière-train et tics nerveux). Cette maladie est souvent mortelle.

Hépatite virale (ou infectieuse) : cette maladie frappe le chien à tout âge ; la période d'incubation dure de trois à neuf jours environ. Les symptômes sont les suivants : fièvre en début de maladie ; conjonctivite séreuse et inflammation de l'iris ; amygdalite ; apparition de pétéchies hémorragiques sur la peau de l'abdomen ; abdomen douloureux ; opacités cornéennes après une à trois semaines.

Herpès : celui qui frappe les nouveau-nés est presque toujours mortel. Chez les jeunes chiens, divers appareils peuvent être affectés, de sorte que l'on peut voir apparaître diarrhées, vomissements, trachéite et toute une symptomatologie nerveuse. Chez le sujet adulte, le symptôme le plus fréquent est une laryngo-trachéo-bronchite doublée d'une rhinite. Il existe aussi, chez les deux sexes, une forme génitale de cette maladie.

Parvovirose : les symptômes sont les suivants : gastro-entérite hémorragique, vomissements, déshydratation et perte de poids, abattement, hypothermie, leucopénie. Il existe aussi une forme cardiaque de la maladie qui, chez les chiots, s'avère généralement mortelle.

Toux de chenil : les symptômes sont les suivants : laryngo-trachéo-bronchite bénigne accompagnée de toux. Elle se propage très rapidement dans les chenils et les pensions où le nombre de chiens est élevé.

Rage : transmise par la morsure d'un animal infecté, elle frappe de nombreux mammifères, aussi bien sauvages que domestiques. Elle affecte le système nerveux, entraînant une paralysie progressive ; le comportement du chien est plus ou moins modifié : dans la forme dite « muette », on assiste à une paralysie progressive des muscles de la mâchoire, des cordes vocales et d'autres muscles de la tête avec sialorrhée, aphonie et incapacité de déglutir et de boire. Dans la rage dite « furieuse », le chien traverse une première période extrêmement agitée, suivie d'un état de surexcitation accompagné d'une salivation abondante et de fréquents ululements. La paralysie gagne enfin tout le corps, entraînant la mort de l'animal. Il existe un risque de contagion pour l'homme.

Leptospirose : elle frappe les chiens à tout âge, mais aussi de nombreuses autres espèces animales, y compris l'homme. La souris et le rat représentent l'une des principales sources de contagion. Les maux qu'elle occasionne sont plus ou moins graves : néphrite, conjonctivite, légère parésie du train postérieur, gastrite accompagnée de vomissements, déficit cardio-circulatoire, ictère et, plus rarement, broncho-pneumonie. Cette maladie est souvent mortelle.

Les maladies parasitaires

Les maladies parasitaires sont le fait d'organismes unicellulaires comme les coccidies ou d'organismes plus complexes comme les vers intestinaux. Les parasites vivent aux dépens du chien dans un état d'équilibre dynamique qui, dans les cas extrêmes, peut entraîner la mort de celui-ci. En détruisant les tissus ou en privant le chien d'éléments

SYMPTOMES GÉNÉRAUX DES MALADIES PARASITAIRES LES PLUS COURANTES

parasites	***symptômes***	***thérapies***
de la peau	dermatites superficielles, profondes, pellicules, poil opaque, alopécie	poudres, bains, massage à l'éponge, gouttes, colliers et similaires
des intestins	amaigrissement, diarrhée, flatulences, vomissements occasionnels, poil opaque	produits variés (comprimés, pommades gouttes, sirops...)
du sang	insuffisance cardio-circulatoire anémie grave	variables et complexes
des oreilles	graves otites	gouttes auriculaires

nutritifs, ils l'affaiblissent considérablement, le rendant aussi plus vulnérable aux maladies infectieuses. En général, la contamination se produit par le biais d'un contact avec des œufs ou des larves dispersés dans l'environnement par d'autres chiens malades. Si vous surveillez en permanence votre chien, vous pourrez protéger aussi bien sa santé que celle des autres chiens, réduisant du même coup les risques de transmission inhérentes au milieu. Certains parasites sont dangereux aussi pour l'homme, qui constitue souvent un hôte intermédiaire (c'est le cas, par exemple, du *Tenia echinococcus*).
Les traitements thérapeutiques reportés ci-après à titre indicatif varient en fonction du type de parasite et de l'organe atteint. Veillez à suivre attentivement les prescriptions du vétérinaire car le médicament peut se révéler nocif également pour le chien.

Les mycoses

Ce sont des pathologies provoquées par des champignons, des levures et des moisissures microscopiques. Elles sont contagieuses à la fois pour le chien et pour l'homme et en particulier pour les enfants (teigne). Une hygiène adéquate pour l'environnement et la peau du chien réduira les risques de contagion. Dans la plupart des cas, les mycoses peuvent être soignées. Les formes les plus courantes s'accompagnent d'une perte des poils en certains points du corps de l'animal (alopécie).

Les maladies congénitales

Il s'agit de maladies déjà présentes à la naissance et qui peuvent être provoquées, entre autres, par des causes génétiques ou des carences nutritionnelles subies par la chienne. Ces maladies affectent différents organes, mais ne sont pas contagieuses. Elles sont parfois incompatibles avec la vie du chiot, mais pas systématiquement.

Les maladies héréditaires

Ce sont des pathologies causées chez un sujet par la présence de gènes particuliers qui étaient présents chez ses géniteurs et dont il hérite. Elles peuvent se manifester dès la naissance ou seulement par la suite. Il se peut que le chiot devenu adulte transmette le même défaut à sa descendance. Parmi les maladies héréditaires les plus connues, il faut citer la dysplasie de la hanche, les maladies de l'œil et l'hémophilie.

Dysplasie de la hanche : dans les cas les plus graves, cette affection de l'articulation coxo-fémorale se manifeste par une *boiterie* plus ou moins prononcée du membre postérieur. Cette pathologie est due à une malformation de la jointure de la hanche se traduisant par une *luxation* de la tête du fémur et donc par l'usure et l'érosion du cartilage articulaire. Avec le temps, on assiste à des phénomènes d'*arthrose déformante.*

Bien que l'origine génétique de la dysplasie ait été identifiée, son mode de transmission n'a toujours pas été découvert. L'étude de l'hérédité est en effet complexe : il semble que plusieurs gènes soient ici impliqués (caractère polygénique) et que leur effet puisse être accru par des facteurs externes liés à l'élevage et à la croissance. Le comportement génétique récessif peut masquer la présence d'un caractère qui n'apparaîtra peut-être pas chez les géniteurs, mais qui se retrouvera chez leurs descendants. Certaines races semblent plus prédisposées que d'autres. La construction anatomique, tant osseuse que musculaire, et en particulier l'ampleur et l'inclinaison des os pelviens, joue probablement un rôle important. La dysplasie se manifeste plus facilement chez les sujets caractérisés par une croissance rapide. L'examen radiologique de l'articulation coxo-fémorale constitue aujourd'hui l'unique moyen universellement accepté pour identifier les sujets malades ou affectés de légères anomalies. La radiographie doit être faite par un vétérinaire, sous anesthésie générale, de manière à autoriser un relâchement musculaire total et un positionnement correct du sujet.

Les urgences

L'état de choc

Il se manifeste par :
- un grave déséquilibre cardio-circulatoire ;
- une vasodilatation périphérique ;
- une accumulation de substances toxiques dans les tissus.

COMMENT ÉVITER LES EMPOISONNEMENTS ACCIDENTELS

- *Eviter que le chien n'avale du shampooing ou des produits chimiques à l'occasion de traitements antiparasites.*
- *Eviter qu'il ne circule librement dans les caves et les cours lorsque l'on vient de procéder à l'aspersion de désinfectants ou à des dératisations.*
- *Tenir le chien éloigné des produits de lavage des radiateurs automobiles (l'antigel est douceâtre et risque d'attirer le chien).*
- *Conserver tous les médicaments, substances toxiques et produits chimiques à usage domestique hors de portée des chiens.*
- *Ne pas ranger des produits dangereux avec des aliments.*
- *Ne pas laisser de médicaments à portée des chiens, surtout s'il s'agit de chiots.*
- *Ne pas laisser l'écuelle du chien ou son bol d'eau dans le jardin pendant que l'on procède à un quelconque traitement chimique.*
- *Eliminer à temps les animaux morts des cours et jardins.*

LES EMPOISONNEMENTS ACCIDENTELS OU CRIMINELS

types de poison	*symptômes*
insecticides à base de phosphore (antiparasites)	salivation, contractions musculaires proportionnelles à la dose ingérée, convulsions, vomissements, diarrhée, rétrécissement et immobilité de la pupille (myosis), spasme bronchique, œdème pulmonaire, cyanose
strychnine (raticide)	convulsions, dyspnée (respiration irrégulière), écume à la bouche et asphyxie par paralysie spasmodique des muscles intercostaux et du diaphragme, mort
produits à base de cyanure (désherbants)	étourdissement, affaiblissement musculaire, respiration haletante et profonde, collapsus, mort ; l'haleine a une odeur d'amandes amères
puissants raticides	abondante salivation, vomissement, œdème pulmonaire et dyspnée, faiblesse musculaire, pouls rapide et faible
poisons contre les rongeurs	dépression, fièvre, hémorragies multiples associées à une augmentation du temps de coagulation, ecchymose sur la surface de la peau, anémie, pouls rapide et faible, hémorragies, dyspnée, mort
glycol (antigel)	pouls rapide, ataxie, délire, dyspnée, vomissement, anurie (absence d'urines), oligurie (urines peu importantes), déshydratation
médicaments	variables en fonction des produits

Causes
Forts traumatismes, hémorragies, réactions anaphylactiques, pathologies cardiaques et neurologiques, toxicoses et déshydratation, décharges électriques.

Symptômes
Muqueuses pâles, grand abattement, tremblements dus à la baisse de la température corporelle ; pouls faible et rapide, respiration superficielle, perte des urines et des selles, vomissements, collapsus cardio-vasculaire.

Interventions
Aussitôt après avoir laissé votre chien dans un endroit chaud et tran-

quille, consultez un vétérinaire qui lui prodiguera les soins nécessaires : transfusion (de plasma ou autre), médicaments (glucocorticoïdes, analgésiques, analeptiques), oxygène... Il vous faudra ensuite garder votre chien sous observation pendant plusieurs jours, jusqu'à ce qu'il soit hors de danger.

Les empoisonnements

Ils peuvent être accidentels ou criminels. Si jamais vous vous apercevez que votre chien a absorbé des substances dangereuses, vous pouvez le faire vomir en lui faisant boire un demi-verre d'eau additionnée d'une cuillerée à soupe de sel ou en stimulant son palais et son arrière-gorge.
Ces procédés sont à exclure lorsque le chien a ingéré des acides ou des alcalis puissants ou bien encore des objets susceptibles de provoquer des lésions graves. Pour éviter les empoisonnements criminels, enseignez à votre chien à refuser la nourriture offerte par des étrangers ou abandonnée çà et là sur son chemin. Pour éviter les empoisonnements accidentels, faites simplement appel à votre bon sens.

Les piqûres d'insectes

Les chiens se font souvent piquer à la tête en essayant de capturer des guêpes, des abeilles, des bourdons, etc. Bien que douloureuses, ces piqûres sont sans gravité. Il suffit en général de refroidir la brûlure locale à grande eau et d'administrer au chien des antihistaminiques par voie buccale. Si le chien a été piqué dans l'arrière-gorge en essayant de manger l'insecte, la situation est plus grave en raison du risque d'étouffement. Il faut alors consulter immédiatement un vétérinaire. En cas d'impossibilité et dans les cas extrêmes, il faut administrer au chien des antihistaminiques par le biais d'une injection. Dans le cas de piqûres multiples, il faut également appeler aussitôt le vétérinaire, car il pourra intervenir avant qu'un choc anaphylactique ne survienne.

Les morsures de vipère

Le museau est la région du corps la plus exposée, car c'est elle qui est généralement mordue lors des tentatives de capture. Si le chien est en bonne santé, il se remettra de l'empoisonnement. Il faut cependant appeler un vétérinaire de toute urgence pour qu'il lui administre un sérum antivenimeux.

Le coup de chaleur

Il survient en général pendant l'été ou les saisons chaudes. Ne laissez surtout pas votre chien enfermé dans votre voiture. Pour maintenir constante sa température corporelle, le chien cherche le contact avec des surfaces fraîches et ombragées. Lorsque cela ne lui est pas possible, sa ventilation pulmonaire augmente, mais n'est pas forcément suffisante. Les symptômes évidents du coup de chaleur sont les suivants : allure chancelante, augmentation considérable de la température rectale, épiderme chaud et sec, augmentation du pouls, difficultés respiratoires, collapsus et mort. Lorsque vous constatez de tels symptômes, cherchez à faire baisser la température de votre chien et plongez-le dans de l'eau froide, puis laissez-le se reposer dans un lieu frais et ombragé. Appelez d'urgence un vétérinaire.

Les fractures

Les fractures les plus fréquentes sont généralement celles des membres, de la colonne vertébrale et de la mâchoire inférieure. Elles résultent souvent de traumatismes violents, par exemple après une chute ou un accident de la route. Elles peuvent être simples ou bien ouvertes (lorsque l'os sort de la plaie). Les symptômes sont les suivants : boiterie doublée d'une douleur vive, tuméfactions, hémorragies, parésie ou paralysie et, dans les cas les plus graves, état de choc. Si cela se produit, faites en sorte que votre chien soit le plus tranquille possible, en lui donnant le temps de se remettre de sa frayeur et de s'habituer à sa douleur. En cas de fracture des membres, remuez votre chien le moins possible et, à défaut d'une intervention immédiate du vétérinaire, immobilisez momentanément le membre fracturé avec des éléments en bois ou en carton et des bandes. Nettoyez et désinfectez toujours les blessures, puis recouvrez-les avec de la gaze. Si votre chien n'est pas en état de se déplacer, installez-le sur une couche confortable (une toile) et transportez-le chez le vétérinaire en surveillant attentivement sa colonne vertébrale. Il est toujours conseillé de soumettre le chien à une visite minutieuse chez le vétérinaire et de procéder à des examens radiologiques, même en cas de traumatismes légers et de symptômes peu nombreux. En effet, des fractures sans gravité que l'on néglige risquent de provoquer des anomalies permanentes.

Les premiers soins

Comment se comporter avec un chien traumatisé

Un chien traumatisé – le plus souvent, parce qu'il a été renversé par un véhicule – est presque toujours apeuré et désorienté. Vous devez donc vous en approcher prudemment. En agissant ainsi, d'une part, vous éviterez d'amplifier sa peur et, d'autre part, vous ne l'inciterez pas à s'enfuir, ce qu'il risquerait de faire par des issues qui ne vous sont pas accessibles. Plutôt que de l'obliger à s'arrêter, parlez-lui d'une voix calme et cherchez à le rassurer. Si le traumatisme a été particulièrement violent, le chien risque de se trouver en état de choc et de ressentir des douleurs intenses en raison des diverses fractures et contusions dont il a fait l'objet. Même alors, approchez-vous lentement du chien et parlez-lui d'une voix calme. Il sait reconnaître le timbre de votre voix et cela le rassurera. Ne faites pas de mouvements brusques, mais agissez avec prudence : sous l'effet de la peur et de la douleur, il arrive que le chien se montre irritable, voire agressif ; vous pourriez ainsi vous faire mordre en réponse à vos soins. Si vous en ressentez la nécessité, mettez-lui une muselière (ou ce qui pourrait en tenir lieu) avant de le déplacer ou de le soulever. Efforcez-vous de garder votre calme, car s'il perçoit un quelconque état de tension – ce qu'il fera à coup sûr – cela augmentera sa nervosité. Prodiguez-lui les soins d'urgence avec délicatesse pour ne pas aggraver le traumatisme subi, puis faites-le examiner au plus vite par un vétérinaire ou auprès d'un poste de secours.

Comment le transporter

Si le chien n'est pas en état de se lever spontanément et de marcher, efforcez-vous de le soulever de la manière la moins traumatisante possible. Les gros chiens peuvent être transportés avec des brancards de fortune : une couverture, un manteau, une toile dont les quatre angles serviront de poignées.
Faites en sorte qu'il remue le moins possible et, si ses pattes postérieures vous semblent complètement paralysées, sachez qu'il s'agit sans doute d'un traumatisme de la colonne vertébrale. Dans ce cas, évitez d'imposer à la colonne des mouvements de flexion dangereux qui pourraient réduire les chances de récupération du chien.

Comment intervenir sur une blessure

Il n'est pas possible d'aborder spécifiquement ici les diverses blessures qu'un chien peut se faire en jouant, en travaillant, voire en mangeant. Certaines règles générales peuvent néanmoins se révéler utiles.
Règle n° 1 : arrêtez l'hémorragie en comprimant la zone de la blessure avec un mouchoir ou un tissu propre. Si vous êtes en présence d'une hémorragie intense – dans le cas de blessures aux pattes, par exemple – vous pouvez chercher à l'arrêter en comprimant la région située audessus de l'entaille. Vous remarquerez aussitôt que le flot de sang diminue. Vous pouvez utiliser une ceinture, un cordon ou une cravate en guise de garrot. Disposez-le de manière à conserver la possibilité de le desserrer de temps à autres (toutes les dix minutes), afin que le sang puisse circuler un peu dans la patte.

Maintenant, si le chien est blessé à l'abdomen ou à la poitrine, vous pouvez chercher à exercer une pression à l'aide d'un essuie-main (ou d'un tissu quelconque) que vous aurez préalablement plié. La plupart du temps, ce moyen suffit pour arrêter le flot de sang, mais il est parfois nécessaire que le vétérinaire recouse le vaisseau qui a été rompu pour arrêter définitivement l'hémorragie.
Règle n° 2 : désinfectez soigneusement la plaie en vous efforçant d'enlever toute trace de terre ou de saleté. Attention ! le chien énervé pourrait vous mordre ! Commencez donc par lui mettre une muselière. Appliquez ensuite, provisoirement, un morceau de gaze sur la blessure ainsi nettoyée : cela empêchera la plaie de se réinfecter. Enfin, emmenez l'animal chez le vétérinaire pour une évaluation de l'ampleur des « dommages » réels. Dans les cas où le chien souffre de blessures aux membres, il peut arriver que les tendons et les nerfs soient aussi endommagés. Il faut alors les réparer rapidement pour éviter toute lésion permanente.
Si la blessure est une fracture ouverte, lavez-la avec un sérum physiologique et de l'eau oxygénée, recouvrez-la avec un morceau de gaze et emmenez aussitôt votre chien chez le vétérinaire. Les tissus qui ont été lésés s'infectent aisément et les maladies qui risquent d'en résulter sont très difficiles à soigner (ostéomyélite).

Les lésions aux yeux, aux oreilles et au nez

Les griffures causées par des chats ou d'autres chiens peuvent abîmer la cornée, parfois même gravement. Les traumatismes violents capables de faire sortir le globe oculaire de l'orbite sont tout aussi dangereux. Dans tous les cas, lavez l'œil blessé avec un sérum physiologique, de l'eau boriquée ou, si vous n'avez rien d'autre, avec de l'eau propre. Si l'œil est sorti de son orbite, gardez-le humide avec un mouchoir mouillé et précipitez-vous chez le vétérinaire. Soyez prudent, parce que les lésions aux yeux sont très douloureuses.
Pour ce qui concerne les oreilles, le traumatisme le plus souvent observé est la blessure avec lacération et saignement ou l'hématome interne affectant le pavillon auriculaire. Dans l'un et l'autre cas, essayez d'arrêter l'hémorragie, par exemple en bandant l'oreille et en appliquant de la glace. Puis consultez au plus vite un vétérinaire.
Les hémorragies affectant le nez sont sans doute celles qui préoccupent le plus ceux qui possèdent un chien. Etant donné le sang qui s'écoule par ses narines, le chien ressent une gêne qui le fait éternuer et envoyer de petites gouttes rouges tout autour de lui. La rhinorragie peut être provoquée par un empoisonnement ou par la présence de petits corps étrangers qui, s'étant glissés à l'intérieur du nez, non seulement endommagent un petit vaisseau, mais sont à l'origine d'une

forte irritation qui pousse le chien à éternuer violemment.
Essayez d'arrêter le saignement avec des compresses glacées, puis emmenez votre chien chez le vétérinaire.

Les brûlures

Chez le chien, les brûlures ne sont pas très fréquentes, notamment parce que son instinct le pousse à se tenir éloigné du feu. Toutefois, les brûlures peuvent être causées par d'autres facteurs : de l'eau bouillante renversée de la casserole qui contenait la viande du chien, des substances chimiques dangereuses que l'on fait involontairement tomber sur lui, etc.
En cas de brûlures causées par la chaleur, utilisez pour commencer beaucoup d'eau froide de manière à enlever la substance irritante et à refroidir immédiatement la zone affectée. Préparez ensuite des compresses froides que vous laisserez un moment sur la partie affectée pour réduire la vasodilatation. Recouvrez la brûlure et rendez-vous chez le vétérinaire. Celui-ci se tiendra prêt à intervenir contre l'état de choc susceptible de se manifester à la suite d'une brûlure étendue.

Les cas de « congélation »

Ce phénomène n'est certes pas très fréquent sous nos latitudes, mais peut survenir en montagne. Les régions généralement affectées chez le chien sont les membres et la pointe des oreilles. Emmenez l'animal dans un endroit chaud et couvrez-le de manière à ce que sa température augmente. Massez délicatement les parties gelées et essayez de les réchauffer avec des linges assez chauds ou des bouillottes. Si la peau prend une couleur rosée, cela signifie que le sang recommence à circuler.

L'étouffement

Ce phénomène exige une intervention rapide. De son côté, le chien cherchera très vite à retirer le corps étranger qui le gêne. Quant à vous, gardez sa gueule ouverte, appuyez sur sa langue et regardez au fond de sa gorge. Si vous réussissez à voir l'objet, enlevez-le. Pour éviter que le chien ne vous morde, écrasez délicatement une partie de ses lèvres contre ses dents ; cette précaution l'empêchera de refermer ses mâchoires sur votre main. Si vous ne voyez rien – et si le chien est trop lourd pour pouvoir être soulevé par les pattes postérieures et secoué de manière à expulser le corps étranger – donnez-lui des coups décidés, mais pas trop violents, sur la poitrine.

Les crises de convulsion et d'excitation

En général, la première crise de convulsion à laquelle le propriétaire d'un chien assiste l'effraie, surtout si elle est intense. Si ce genre de manifestation se produit, essayez de garder le chien dans une zone dépourvue d'angles vifs où il risquerait de se blesser. Une fois la crise passée, laissez l'animal se reposer dans une pièce en prenant soin de limiter les bruits et la lumière jusqu'à ce qu'il ait complètement récupéré. Puis, couvrez-le d'une couverture. Lorsque la crise est terminée (elle ne dure en général que quelques minutes), emmenez-le chez le vétérinaire.

Comment administrer les médicaments

Hélas, un chien malade est déjà, par ce simple fait, un sujet irritable qui n'est pas toujours disposé à prendre de bonne grâce des médicaments. Voilà pourquoi la première tentative devra être faite avec ruse et la seconde avec fermeté.

Les médicaments à administrer par voie orale sont de différents types, mais par souci de commodité, nous pouvons tous les regrouper en plusieurs catégories : comprimés, gélules, dragées, etc., et médicaments liquides.

On peut tenter d'administrer le premier type de médicament avec un peu de nourriture pour en masquer le goût, en utilisant un aliment particulièrement apprécié du chien (du fromage ou de la viande). Si le médicament se présente sous forme de poudres ou de comprimés écrasés, on peut tenter de le mélanger avec un peu de viande en donnant au chien le reste de sa ration après s'être assuré qu'il a bien mangé ce qu'on lui a préalablement donné. Toutefois, il existe des cas où le médicament ne peut être mélangé à l'aliment, soit parce qu'il pourrait s'abîmer, soit parce qu'il a un goût tellement fort qu'il sera repéré par le chien et donc refusé. Dans ces cas, il vous faut ouvrir la gueule du chien, mettre le comprimé au fond, la refermer rapidement, puis, tout en tenant sa tête vers le haut, masser sa gueule pour stimuler la déglutition. Enfin, assurez-vous que votre chien a bien avalé le médicament, car il est tout à fait capable de le dissimuler pour le cracher dès que vous aurez le dos tourné !

Enfin, les médicaments liquides peuvent être administrés à l'aide de

CE QU'IL FAUT AVOIR POUR LES URGENCES

- *Désinfectants : eau oxygénée, teinture d'iode, mercurochrome.*
- *Solutions et désinfectants légers : sérum physiologique, eau boriquée.*
- *Astringents et antibiotiques intestinaux.*
- *Laxatifs : huile de vaseline.*
- *Emétiques.*
- *Un antibiotique conseillé par le vétérinaire.*
- *Des compresses de gaze, du sparadrap, de la gaze de 5 cm de large pour les bandages.*
- *Le numéro de téléphone du vétérinaire de confiance.*

seringues dépourvues d'aiguilles, de petites pompes en caoutchouc ou de compte-gouttes. Tout en soulevant la tête de votre chien, glissez la seringue entre ses lèvres sur un côté de sa gueule, puis videz lentement le produit pour faciliter sa déglutition. N'administrez jamais de produit en gardant la gueule du chien ouverte par la force. En empêchant la déglutition, vous risqueriez d'étouffer le chien.

Les médicaments administrés sous forme de piqûres

Ce type de médicament est administré au moyen d'injections sous-cutanées, intramusculaires ou intraveineuses. Tout propriétaire de chien devrait apprendre à effectuer les injections sous-cutanées pour poursuivre les traitements prescrits par le vétérinaire et utiliser toujours des seringues jetables ou stérilisées. Pour cela, il faut soulever un bourrelet de peau situé sur le dos du chien, entre le cou et le flanc, désinfecter une partie de celui-ci en soulevant le poil et introduire la pointe de l'aiguille parallèlement à l'épine dorsale du chien, puis injecter le médicament. S'il s'agit d'une substance irritante, faites-vous aider d'une autre personne qui fera en sorte que le chien reste immobile.

Les médicaments pour les oreilles

Soulevez la pointe de l'oreille et introduisez le compte-gouttes dans le conduit auditif. Déversez-y les gouttes requises, puis massez la partie située juste au-dessous pour répartir uniformément le produit. Gardez la tête du chien immobile pendant quelques minutes, sinon il la secouera pour essayer de se débarrasser de ce qui le gêne – et donc du médicament.

Les médicaments pour les yeux

Tout en gardant la tête du chien soulevée, faites tomber les gouttes du collyre sur la cornée. Si vous devez plutôt administrer des pommades, abaissez la paupière inférieure et mettez un peu de pommade sur sa face interne. Laissez l'œil se refermer et massez-le pour répartir uniformément la pommade. Enlevez le surplus avec un mouchoir.

Les suppositoires

Chez les chiens, l'emploi de suppositoires n'est pas très fréquent. Il peut néanmoins se révéler nécessaire pour atténuer une douleur vive. Dans ce cas, humidifiez le suppositoire avec de l'eau, soulevez la queue du chien et introduisez le produit avec délicatesse, c'est-à-dire lentement et sans forcer. Enfoncez bien le suppositoire, par exemple avec un Coton-tige. Gardez la queue abaissée sur la région péri-anale pendant quelques minutes pour empêcher que le chien expulse immédiatement le médicament.

Le dressage

Ce chapitre ne prétend pas vous apprendre un dressage « maison » comme pourrait le faire un manuel, mais simplement vous fournir des indications pratiques pour bien éduquer votre chien, soit en vue d'une cohabitation harmonieuse au sein de votre famille, soit en prévision d'un dressage plus poussé (pour les sujets qui seront soumis au travail).

A cet égard, je tiens à souligner que le dressage au travail est un processus très délicat qui ne doit pas commencer avant l'âge de douze à quatorze mois (l'âge auquel le sujet atteint sa maturité psychique) et qui doit être impérativement pris en charge par des professionnels.

En revanche, les bases du dressage peuvent être inculquées au chien de six à huit mois. Elles concernent les exercices de rappel, la marche à la laisse, le rapport, l'ordre « Pas bouger ! », etc. Il est préférable que le conducteur soit le maître du chien. Si vous craignez de commettre des erreurs qui pourraient se révéler fatales, vous pouvez vous former dans des écoles où des instructeurs dotés d'une solide expérience et d'une connaissance approfondie de la psychologie canine sauront vous enseigner la bonne méthode pour éduquer votre chien.

Comme il a déjà été dit, il n'existe pas dans la pratique d'âge précis à partir duquel le chien peut commencer à apprendre. Les choses se font naturellement dès son plus jeune âge. A partir du moment où, partageant votre vie, le chiot se

Très jeune, le chiot manifeste déjà de l'intérêt pour les propos de son maître. Otto est ici âgé de deux mois. Propr. A. Tappi.

sera familiarisé avec son nouvel environnement, vous pourrez ainsi commencer à l'éduquer, soit en lui apprenant les règles du « savoir-vivre » (comme ne pas faire ses besoins à l'intérieur et ne pas mordiller les meubles), soit en instaurant avec lui un rapport de jeu et de confiance. Ceci l'amènera à reconnaître en vous son chef de meute, celui auquel il doit affection et obéissance – qualités innées chez lui.

Quels que soient l'âge du chien et le stade du dressage auquel il est parvenu, une bonne dose de fer-

Ce chiot de quatre mois manifeste déjà une folle envie d'apprendre. El. de Casa Reiza de Reichel et Zatelli.

meté, de patience et de persévérance est indispensable. Les outils de travail communément appelés, d'une part, « *stimuli* positifs » et, d'autre part, « *stimuli* négatifs » sont eux aussi fort utiles. Les premiers recouvrent les récompenses attribuées sous forme de caresses, de gâteries et de jeux, alors que les seconds s'apparentent davantage à des expériences désagréables ou traumatisantes que le sujet doit subir s'il ne répond pas qu'à de véritables punitions qui lui sont infligées par le conducteur lorsqu'il n'obéit pas. L'usage des « *stimuli* négatifs » est très subtil. Mal utilisés, ils pourraient sérieusement compromettre, sinon l'équilibre du chien, du moins le travail déjà accompli. On comprendra donc qu'ils ne doivent être exploités que dans des cas spécifiques et sous le regard attentif de spécialistes.

Il est possible d'apprendre le rappel, l'ordre « Assis ! » et la conduite à la laisse à un chiot âgé de quelques mois à condition de faire preuve de patience, de fermeté et d'une grande cohérence (c'est-à-dire en formulant les ordres toujours de la même manière). Il ne s'agit pas de lui demander trop de choses, mais seulement de développer de manière adéquate des comportements innés.

Le « rappel » est un exercice essentiel pour chaque type d'obéissance. Vous pouvez déjà aborder cet exercice chez un chiot de soixante jours, en exploitant sa tendance à s'approcher de vous quand il voit l'écuelle contenant sa bouillie ou un jeu intéressant entre vos mains. Dans un premier temps, appelez-le par son nom tout en lui intimant l'ordre « Viens ! » à partir

L'apprentissage commence avec le jeu. Photo ci-dessus : Leone (Nelson v. Margraflerland x Ether della Rocca Brancaleone). Propr. A. Tappi.

du moment où il avance dans votre direction. Puis, lorsqu'il est arrivé près de vous, récompensez-le par des caresses et des friandises. Dans un deuxième temps, appelez-le tandis qu'il est loin et occupé à autre chose, sans oublier de le récompenser une fois qu'il a obéi à votre appel. Si vous vous trouvez en présence de sujets plus grands qui, faisant preuve d'un peu d'entêtement et d'indépendance,

ne réagissent pas tout de suite ou ignorent complètement votre appel, vous pouvez utiliser une autre méthode : celle qui utilise une longue corde reliée à un collier. Lorsque le sujet ne réagit pas à votre appel, attirez-le vers vous en exerçant une traction légère et ferme sur la corde. Encouragez-le et félicitez-le patiemment, puis, lorsqu'il se trouve près de vous, récompensez-le. Veillez à ne jamais gronder un chien qui arrive longtemps après un rappel. En effet, sa nature l'amènerait à associer la punition, non pas à une chose passée – en l'occurrence son absence de réponse au rappel – mais à l'action plus récente, à savoir son arrivée auprès de son maître. Se laissant aller à des mouvements d'impatience, de nombreuses personnes commettent cette erreur lors de leur première expérience canine.

De même, l'ordre « Assis ! » est rapidement compris par le chiot qui adopte aisément cette position. Il suffira donc, les premières fois, de lui intimer cet ordre pendant qu'il est déjà en train de prendre cette position, puis de le récompenser. S'il devait se montrer récalcitrant, vous pourriez l'aider en exerçant une légère pression sur son postérieur avec votre main.

La conduite à la laisse est un autre exercice fondamental pour le chiot. De fait, il est absolument nécessaire, quels que soient le chien (de travail ou de compagnie) ou l'environnement. Vous pouvez trouver pénible d'avoir un Yorkshire qui tire sur sa laisse comme un forcené pour aller là où bon lui semble. Que dire alors d'un tel comportement chez un chien imposant comme le Rottweiler !

Une fois habitué au collier, le chiot

Assis dans l'attente d'un ordre, Ben v. Pfalzerland (HD-, SCH III, ZTP, Ch. Soc. 93). Propr. A. Zatelli.

devra être emmené dans un lieu tranquille et invité à suivre son maître en se tenant sur son côté gauche, sans jamais le devancer. Si le chiot essaye de dévier, son maître devra faire demi-tour et l'inviter au jeu. Cette méthode, qui se fonde sur l'indifférence à l'erreur, vise à supprimer celle-ci sans causer aucun traumatisme.

Jeune mâle encore immature, mais présentant déjà les caractéristiques typiques d'un Rottweiler. El. de Casa Reiza de Reichel et Zatelli.

Si vous êtes en compagnie d'un chien déjà grand, exercez plutôt une légère secousse sur la laisse (*stimulus* négatif) à chaque fois qu'il vous devance. Pour ces exercices, il est conseillé d'utiliser un collier « étrangleur » qui inflige une légère punition au chien en lui serrant momentanément le cou lorsqu'il essaye de tirer. En revan-

che, le collier à clous est à éviter à tout prix.
Lorsque votre chien aura acquis une maturité suffisante, vous pourrez lui enseigner la « marche à la laisse » telle qu'elle est demandée dans les cours de dressage. Au cours de cet exercice, le chien apprendra – outre la marche « au pied » du conducteur – la position assise après chaque arrêt (en exécution de l'ordre « Assis ! ») et le demi-tour. Le chien doit marcher sur le côté gauche du conducteur, de préférence tête haute, affichant un certain enthousiasme. Il ne doit ni le devancer ni s'en écarter, sous peine de se voir repris par une secousse exercée sur la laisse. Ce comportement peut être obtenu en faisant preuve de beaucoup d'habileté dans le dosage des *stimuli* négatifs (secousses) et positifs (petits morceaux de viande ou balle). A chaque arrêt décidé pendant la marche, le chien doit s'asseoir dans l'attente d'un nouvel ordre. Pour faciliter l'apprentissage de ce réflexe, il suffit, les premières fois, de tirer légèrement la laisse vers le haut, en accompagnant ce geste de l'ordre « Assis ! »
Lors d'une inversion de la direction de la marche, le chien doit apprendre à effectuer un demi-tour dans le sens contraire de celui du conducteur, afin de se retrouver sur son côté gauche. Cet exercice – qui implique une bonne dose de patience – suppose que la laisse change deux fois de main. En revanche, s'il s'agit simplement de changer de direction, la laisse reste toujours dans sa main gauche. Pour tourner à gauche, il faut retenir le chien en tirant légèrement sur la laisse. Etant à l'intérieur de la courbe, le chien doit parcourir une distance plus courte, sous peine de se retrouver devant celui qui le conduit. Pour tourner à droite, il doit au contraire apprendre à accélérer légèrement le pas pour ne pas rester en arrière. C'est d'ailleurs à quoi vous l'encouragerez.
Quand vous serez arrivé à une entente parfaite avec votre chien, vous pourrez passer à l'exécution des mêmes exercices sans la laisse. Les premières fois, pensez à détacher votre chien très délicatement, c'est-à-dire sans qu'il s'en aperçoive, à un moment où il est très concentré.
A chaque fois que vous passez à des exercices qui requièrent une plus grande précision, faites en sorte de ne pas trop les faire durer pour ne pas risquer de lasser le chien. Vous pourrez ensuite prolonger peu à peu les délais, mais attendez d'abord qu'il se passionne pour ce « nouveau jeu ».
L'ordre « Couché ! » consiste à amener le chien à se placer dans une position qui rappelle celle du sphinx – et non pas à le faire s'allonger sur le flanc – aussi bien pendant la marche que pendant l'exécution d'autres exercices. La

Noris v. Grutenblick pendant une attaque lancée (photo Rebecchi).

rapidité d'exécution de cet ordre est essentielle, car il vous faut être capable de contrôler et d'arrêter votre chien à tout moment, même à distance.

La phase ultérieure de l'apprentissage est le « Pas bouger ! », qui consiste à garder le chien dans la position couchée, même quand le conducteur s'éloigne. Au début, celui-ci ne s'éloignera que de quelques pas pour ne pas créer de sentiment d'abandon. Puis, quand le chien aura acquis la certitude que son maître reviendra, peut-être même avec toutes sortes de récompenses, il pourra conserver cette position jusqu'à une demi-heure. Dans le cas de sujets plus têtus, il faudra utiliser une longue laisse passée dans l'anneau d'un piquet enfoncé profondément dans le sol à côté du chien. Dès que le chien cherchera à se lever, une traction

La piste (photo Reichel)

Ci-contre : Sari v. Grutenblick (Noris v. Grutenblick x Ria v. Echterdingen) prêt à mordre. El. et propr. P. Rebecchi et la famille Gaa.

plus ou moins forte l'en empêchera et le ramènera dans la position couchée.

Concernant le rapport, certains sujets se montrent plus rapides que d'autres dans l'exécution de cet exercice : tout dépend du degré de développement de leur instinct possessif et de leur volonté d'appropriation de l'objet. Vous pouvez stimuler l'intérêt du chien pour cet exercice dès son plus jeune âge à l'aide de jeux de balle. De fait, s'il trouve amusant de courir derrière la balle lancée par son maître, le chiot tendra plus volontiers à la lui rapporter pour que le jeu reprenne.

L'exécution correcte de l'exercice suppose que le chien – après le lancer – attende que son maître lui intime l'ordre « Apporte ! », après quoi il doit revenir le plus vite possible à ses pieds. Un sujet trop possessif aura tendance à ne pas vouloir restituer l'objet, tandis qu'un chien très lié à son maître aura plutôt tendance à l'abandonner pour accourir joyeux à ses appels. C'est seulement à force de patience que vous obtiendrez l'exécution correcte de cet exercice.

L'exercice de piste consiste à exploiter l'odorat du chien pour retrouver des personnes ou des objets après une recherche minu-

Exercice « d'aboiement ». Le chien doit tenir en respect le figurant-malfaiteur : il ne doit pas le mordre, mais seulement signaler sa présence. Axen's Benn est ici à l'œuvre (photo Rebecchi).

Axen's Benn est photographié à côté de plusieurs outils de travail (photo Rebecchi).

tieuse. Au début, il est demandé au chien de rechercher son maître. L'exercice a lieu en terrain inconnu. Le chien est confié à un assistant pendant que le propriétaire du chien effectue lui-même, sans se montrer, le tracé du parcours (qui, les premières fois, est court et rectiligne). Pour cela, il marche normalement, traînant juste un peu les pieds et, lorsqu'il est arrivé en fin de parcours, il se cache. L'assistant met alors le harnais au chien, puis l'invite, par d'amples gestes de la main et avec l'ordre « Cherche ! », à se lancer à la recherche de son maître. Ce travail de flair est tout à fait inné chez le chien. Par conséquent, après les premiers moments de désorientation causés par l'absence de son maître – peut-être même après avoir été mis à plusieurs reprises sur la bonne voie, du moins les premières fois – le

Cilly v. Siek au cours de deux phases différentes de l'attaque lancée. Noter le mouvement d'élévation par rapport au sol (photo Rebecchi).

chien trouvera les émanations laissées sur le terrain et les suivra d'instinct. Lorsqu'il atteindra sa cible, il aura droit à une récompense – même si le fait d'avoir retrouvé son maître en constitue déjà une – ce qui l'aidera à se prêter plus volontiers au jeu par la suite.

La phase suivante consiste à allonger et à compliquer le parcours. Le maître du chien sera donc remplacé par une personne étrangère ou par une proie. Vous pourrez ainsi imprégner le parcours de certaines odeurs au moyen de chaussures dont vous aurez badigeonné

Phase d'attaque pendant une épreuve de travail (photo Rebecchi).

les semelles avec le sang d'un animal ou en traînant une carcasse de poule.
L'envoi en avant et l'aboiement sur commande préparent les exercices d'attaque et de défense. Le premier consiste à envoyer le sujet en reconnaissance dans une certaine direction. Dès qu'il entend l'ordre « Va ! », le chien doit partir sans la moindre hésitation dans la direction indiquée et ne s'immobiliser qu'à l'ordre « Couché ! »
L'aboiement sur commande consiste à apprendre au chien à aboyer dans des situations déterminées, par exemple pour signaler la présence d'étrangers ou après avoir retrouvé un objet et pour pouvoir communiquer à distance. Commencez par

Rambo v. Hennekamp attaque le figurant au cours de la phase de fuite (photo Rebecchi).

faire aboyer le chien à la suite de *stimuli* bien définis et par exploiter dès son plus jeune âge ses aboiements spontanés pour ensuite l'habituer à émettre ces sons uniquement dans des circonstances particulières.

La phase suivante est le dressage à l'attaque et à la défense. Etant très délicate, cette phase exige que l'on fasse appel à un spécialiste du dressage. Il s'agit de faire travailler le chien en stimulant et en orientant judicieusement un certain nombre de comportements innés comme ses tendances agonistiques, à l'autodéfense et son instinct prédateur, pour le lancer contre un agresseur (le figurant) qu'il doit immobiliser en cherchant à le mordre à l'endroit voulu en dépit des menaces et des coups de baguette.

Je rappelle que le standard prévoit souvent les caractéristiques comportementales du Rottweiler et définit le degré idéal de leur développement chez un chien de travail.

Je résumerai ainsi ces traits essentiels :

• *Tempérament* : il correspond à la vitesse de réaction aux *stimuli* négatifs ou positifs ; il doit être moyen.

• *Trempe* : c'est la capacité du chien à supporter des *stimuli* ou des situations désagréables de type physique et psychique ; elle doit être moyenne à faible. On préfère cependant les sujets de plus forte trempe, dès lors qu'ils se montrent plus équilibrés dans la vie de tous les jours.

• *Docilité* : elle doit être moyenne à élevée. C'est l'aptitude naturelle du chien à reconnaître en l'homme son chef de meute, sans qu'il soit nécessaire de recourir à des moyens coercitifs. Les sujets au caractère plus dominant et indépendant sont moins dociles.

• *Vigilance* : essentielle chez le chien de garde, c'est la capacité qu'il a de percevoir des dangers soit pour lui-même, soit pour son maître.

• *Courage* : élevé ; il se confond avec l'agressivité (la réaction à des *stimuli* considérés comme dangereux) et avec la combativité (la lutte pour défendre ses biens).

S'il ne veut pas risquer de « gâcher » le sujet qu'il doit dresser en stimulant trop son agressivité ou sa méfiance, un bon dresseur doit être capable de modifier ses méthodes en fonction des comportements de son élève.

Index

Editions De Vecchi

LES LIVRES DE VOTRE VIE

LE SAINT-BERNARD

Chien de montagne de grande taille, symbole de la paix et de la sécurité montagnarde, le Saint-Bernard reçoit toujours un accueil formidable auprès des grands et des petits. Rédigé par le Président de l'Union mondiale des Clubs du Saint-Bernard, ce livre tout en couleurs vous fera découvrir les règles de base pour choisir son chiot, le comprendre, le nourrir, l'éduquer... Il vous présentera comment prévenir les maladies et soigner votre compagnon et vous permettra ainsi de lui offrir toute l'affection que ce chien réclame.

Par G. Morsiani
157 pages, code 1676

LE DOGUE ALLEMAND

Celui que l'on nomme « l'Apollon de la race canine » suscite toujours un vif intérêt ! Ce guide tout en couleurs, avec de nombeux tableaux pour aller à l'essentiel et des shémas didactiques, décrit de manière rigoureuse cette race canine qui allie puissance et élégance. Il vous présentera comment prévenir les maladies et soigner votre compagnon. Les conseils prodigués et les nombreuses informations proposées feront de vous un maître digne de ce chien noble et attachant.

Par M. Salmoiraghi
155 pages, code 1699

3615 DE VECCHI - pour tout savoir sur les éditions De Vecchi : vie pratique et professionnelle, santé, sports-loisirs, parapsychologie, histoire et spiritualité, animaux, chiens, livres de poche... ; un service pour disposer de centaines d'adresses utiles ; un dictionnaire de toutes les races canines... ; des petites annonces gratuites ; une boîte aux lettres ; des jeux...

EDITIONS DE VECCHI - 20, rue de la Trémoille - 75008 Paris - Téléphone : (1) 47.20.40.41.

Achevé d'imprimer
en novembre 1995
à Milan, Italie, sur les presses
de Grafiche Milani

Dépôt légal : novembre 1995
Numéro d'éditeur : 4270